现代企业文化与职业道德

主　　编　邹碧海　樊　成

副主编　李　森　马爱霞　刘　春

参编人员　王　燕　张　莉　康晓卿　罗慧英

　　　　　杨　睿　代水冰　江　潇　胡　蓓

　　　　　黄小芳　李红旭　闫晓俊　梁元杰

西南交通大学出版社

·成都·

图书在版编目（ＣＩＰ）数据

现代企业文化与职业道德/邹碧海，樊成主编.—
成都：西南交通大学出版社，2014.5（2019.8 重印）
ISBN 978-7-5643-3013-2

Ⅰ. ①现… Ⅱ. ①邹… ②樊… Ⅲ. ①企业文化－职
业教育－教材②职业道德－职业教育－教材 Ⅳ. ①F270
②B822.9

中国版本图书馆 CIP 数据核字（2014）第 070898 号

现代企业文化与职业道德

主编 邹碧海 樊 成

责 任 编 辑	秦 薇
助 理 编 辑	罗小红
特 邀 编 辑	孟秀芝
封 面 设 计	墨创文化
	西南交通大学出版社
出 版 发 行	（四川省成都市金牛二环路北一段 111 号 西南交通大学创新大厦 21 楼）
发 行 部 电 话	028-87600564　028-87600533
邮 政 编 码	610031
网 　 址	http://press.swjtu.edu.cn
印 　 刷	成都蓉军广告印务有限责任公司
成 品 尺 寸	170 mm×230 mm
印 　 张	10.5
字 　 数	189 千字
版 　 次	2014 年 5 月第 1 版
印 　 次	2019 年 8 月第 3 次
书 　 号	ISBN 978-7-5643-3013-2
定 　 价	28.00 元

前　言

　　本书主要介绍了现代企业文化的基本知识和基础理论、企业文化和职业道德的关系以及企业文化建设和职业道德培养等一系列理论和实践成果，其编写思路可以概括为"一个主旨、两项结合、模块编排、三方受益"。本书把现代企业文化作为一条主线，旨在培养学生的逻辑思维能力、实际运用能力和创新能力；同时将职业道德教育贯穿其中，作为课程的立足点，最终实现锻炼和提高学生的职业基本素质这一主旨。现代企业文化与职业道德是两个不同的范畴，如何构建并阐释两者之间的有机联系，是本书编写的难点，亦是创新点和特色之一。而本书的另一个特色是综合性模块化编排。本书更强调的是一种"修"与"养"的结合，"化"与"育"的并举，"价值观"与"理念"的融合，"理念"与"行为"的统一，是对德行内化和实践能力的全面提升。本书系统性强、结构清晰、层次分明，突出理论联系实际，强调核心知识点和案例学习相结合，同时各章节又相互独立、自成模块。最后专门设计了一个学生实践内容，即每个学生针对专业实习实训，对工学结合的相关企业，进行调查评价研究，然后在教师的指导下共同完成一个综合报告，并交给该企业。这样可以做到一举多得、三方受益。

　　本书可作为应用性、技能型人才培养的各类院校的研究生、本科生职业素质教育教材和企业员工培训教材，也可供从事企业文化研究和职业素质教育工作的人员参考。

　　本书由邹碧海、樊成（中石油长庆油田采油九厂）担任主编，李森（中国寰球工程公司）、马爱霞、刘春担任副主编，王燕、张莉、康晓卿、罗慧英、杨睿、代水冰、江潇、胡蓓、黄小芳、李红旭、闫晓俊、梁元杰等同志参加了编写，并为该书出版做了大量工作，在此深表谢意！

　　由于编写时间和水平有限，书中难免存在不足和疏漏，恳望读者提出宝贵意见和建议。

编　者

2013 年 7 月

前　言

编　者
2013 年 7 月

目　录

第一章 企业文化概述

第一节 企业文化的内涵

企业文化积淀至今，形成了不同"说派"，比较有代表性的有以下五种：

（1）总和说。认为企业文化既包括物质财富又包括精神财富，是企业内部的物质文化、观念文化、政治伦理文化和科学技术文化的总和。具体而言，它是由企业的器物文化（指企业的厂容、厂貌、产品的外观、物质设备、工艺操作等物质性内容）、制度文化（指企业的组织结构、各种明令的规章制度、奖励方式、信息沟通渠道等）、观念文化（企业共同的行为准则和价值观念，包括企业哲学、道德、精神、风尚等）组成的。

（2）群体意识说。认为企业文化是一种微观上层建筑，是企业群体反映的价值观、理想、信念、道德规范等意识方面的因素。

（3）价值观说。认为企业文化是一种观念形态的价值观。企业的文化意识与历史传统、经营精神和风格等均是企业的一定价值观的反映，企业文化是一种隐含的、作为企业的一切决策和行为的基本信念。

（4）复合说。认为企业中的文化设施、文化教育、技术培训和文娱、联谊活动等为"外界文化"；企业所倡导的价值标准、道德规范、工作态度、行为取向和生活观念、整体精神风尚等为"内隐文化"，企业文化即为两种文化的复合。

（5）经营管理哲学说。认为企业文化是企业经营管理的一种哲学，是一种管理的新思想、新观念。

从以上介绍的观点可知，企业文化的几种学说对企业文化所下的定义，基本上都反映了企业文化的实质内涵和外延，虽都不是很确切，但都已经触及了企业文化的内核。事实上，企业文化的概念是在近几十年才产生的，要严格地、正确地给企业文化下一个科学的定义，并非易事。

总之，企业文化是由企业的"血"和"泪"以及沉重的经济代价所组成的，她的外在表现形式是"向你迎面走来，是你一切的感受"。企业文化有广

义和狭义之分。从广义上讲，企业所创造的具有自身特点的物质文化和精神文化。从狭义上讲，有这样几种理解：企业所形成的具有自身个性的经营宗旨、价值观念和道德行为准则的综合；企业文化的实质就是企业的价值观，企业文化作为企业的上层建筑，是企业经营管理的灵魂，是一种无形的管理方式，同时，它又以观念的形式，从非计划、非理性的因素出发来调控企业或员工行为，使企业成员为实现企业目标自觉地组成团结互助的整体；企业文化（enterprise culture）是企业在长期的实践活动中所形成的并且为企业成员普遍认可和遵循的具有本企业特色的价值观念、团队意识、工作作风、行为规范和思维方式的总和及其在企业活动中的反映；价值观就是企业的喜好，理念就是企业思想观念，企业文化是价值观上升到理念再支配行动的过程。

第二节　企业文化的特征

　　企业文化是民族文化和现代意识在企业内部的综合反映和表现，是受民族文化和现代意识影响所形成的具有企业特点和群体意识以及这种意识产生的行为规范。企业文化具有积累性：企业文化是一个系统，由许多方面所构成，不是一个随时可以形成和改变的。一旦形成，就具备了作为思想和行为交流的价值。企业文化具有以下特征：

　　（1）双刃性：一旦形成，既有利于沟通，又会形成排斥创新和新文化形成的惰性。它需要我们善于利用企业文化的力量从事我们所希望的活动。

　　（2）双重性：当说到"每个企业都有自己的企业文化"时，并没有说明这些企业文化究竟是好还是不好，因为有些方面是促进企业发展，有些方面可能阻碍企业发展。但是，当一个企业想做企业文化方面的建设时，比如确立企业的核心价值观或做员工培训时，这个意义上的"企业文化"就特指好的企业文化。

　　（3）实践性：企业文化总是与管理实践和氛围相联系的，要在具体的企业中实际感受才能知道这个企业文化的特点。

　　另外，企业文化体现出以下特征：

　　（1）人本性与整体性的统一。企业文化最本质的内容，就是强调人的理想、道德、价值观、行为规范等"本位素质"在企业管理中的核心作用，强调在企业管理中要关心人、尊重人、信任人，强调激发人的使命感、自豪感和责任心。总之，突出的是以人为本。但是这种"以人为本"思想又是以企

业整体性为前提展开的。企业文化集中反映出企业的整体利益、整体精神，它追求的是企业的整体优势和整体意志的实现，它又是企业员工所普遍接受的一种整体感觉和共同的价值观念。它所强调的是全员一致的集体主义情感和团结协调的行为方式。

（2）稳定性与动态性的统一。企业文化是企业在长期的生产经营管理实践中，逐步形成积累起来的一种群体意识。作为一种意识，它相对于不断变化的企业内外环境具有一种稳定性。企业文化一旦形成，其基本内核的稳定性更加突出。有的企业经过了上百年的历史，企业文化也发生了一系列的变化，但其基本信念和基本价值观仍然没有离开最初的构想；有的企业作为组织形态可能因某种原因不再存在了，但其企业精神仍然保留下来。但是，企业文化又是在变化中保持稳定的，具有动态性的一面。首先，企业文化的形成是需要一个较长的过程的，即由不定性、不系统到初步定性和系统化，这一过程本身就具有变动性；其次，企业文化又是不断充实和发展的，这也是一个动态的过程；再次，随着企业内外环境的剧烈变化，企业文化会发生变革，一种崭新的文化替代一种陈旧落后的文化，这是企业文化动态性最显著的表现。

（3）继承性与创新性的统一。企业文化的继承性体现在三个方面：第一，继承优秀的民族文化精华；第二，继承企业的文化传统；第三，继承外来的企业文化实践和研究成果。但继承不排斥创新，继承的目的在于创新。优秀的企业文化具有随着企业环境和国内外市场的变化而自我更新的强大能力。创新既是时代的呼唤，又是企业文化自身的内在要求。

（4）相融性与独立性的统一。企业文化的相融性体现在它与企业环境的协调性和适应性方面。企业文化反映了时代精神，它必然要与企业的经济环境、政治环境、文化环境以及社区环境相融合。与企业环境格格不入的企业文化是没有生命力的。但是企业文化又具有鲜明的个性和特色，即具有相对独立性，这是由企业的生产经营管理特色、企业传统、企业目标、企业员工素质以及内外环境不同所决定的。

（5）取向性与文化性的统一。通过企业文化建设，找出企业的主要制约因素及今后的取向，将企业的管理理念转化为全体员工的共同行为，要以信息沟通、公正守法、实事求是、转变观念、学习探索和执行力等作为价值取向，就是要通过企业文化建设，营造一种良好的人文氛围，对员工的观念、意识、态度、行为等形成从无形到有形的影响。

（6）责任性与经济性的统一。除了企业文化具有上述"统一"之外，企业文化建设应包括精神文化、制度文化和执行文化几个层次，并最终上升到道德层面，从而落实到企业的经济责任、社会责任和环境责任。企业文化是企业竞争力的灵魂，也可以说，今天的企业文化就是明天的发展经济。

第三节　企业文化的作用与功能

一、企业文化的作用

企业文化的作用主要体现在以下方面：

（1）企业文化是在工作团体中逐步形成的规范。

（2）企业文化是一种含义深远的价值观、神话、英雄人物标志的凝聚。

（3）企业文化是指导企业制定员工和顾客政策的宗旨。

（4）企业文化是在企业寻求生存的竞争"原则"，是新员工要为企业录用必须掌握的"内在规则"。

（5）企业文化是企业内通过所传达的感觉或气氛，以及企业成员与其他外界成员交往的方式。

（6）企业文化是传统氛围构成的公司文化，它意味着公司的价值观，诸如进取、守势或灵活。这些价值观构成公司员工活力、意见和行为的规范。管理人员身体力行，把这些规范灌输给员工并代代相传。

（7）企业文化是在一个企业中形成的某种文化观念和历史传统，共同的价值准则、道德规范和生活信息，将各种内部力量统一于共同的指导思想和经营哲学之下，汇聚到一个共同的方向。

（8）企业文化是经济意义和文化意义的混合，即在企业界形成的价值观念、行为准则在人群中和社会上发生了文化的影响。它不是指知识修养，而是指人们对知识的态度；它不是利润，而是对利润的心理；它不是人际关系，而是人际关系所体现的处世为人的哲学。企业文化是一种渗透在企业的一切活动之中的东西，是企业的美德所在。

（9）企业文化是指企业组织的基本信息、基本价值观和对企业内外环境的基本看法，是由企业的全体成员共同遵守和信仰的行为规范、价值体系，是指导人们从事工作的哲学观念。

（10）企业文化是在一定的社会历史条件下，企业生产经营和管理活动中所创造的具有该企业特色的精神财富和物质形态。它包括文化观念、价值观

念、企业精神、道德规范、行为准则、历史传统、企业制度、文化环境、企业产品等，其中价值观是企业文化的核心。

二、企业文化的功能

企业文化的功能主要体现在以下方面：

1. 导向功能

企业文化对企业整体和企业成员的价值及行为取向具有引导作用。这具体表现在两个方面：一是对企业成员个体的思想和行为起导向作用；二是对企业整体的价值取向和经营管理起导向作用。企业文化一旦形成，企业自身系统的价值和规范标准相继建立，如果企业成员在价值和行为的取向与企业文化的系统标准上产生悖逆现象，企业文化会进行纠正并将其引导到企业的价值观和规范标准上来。

2. 约束功能

企业文化对企业员工的思想、心理和行为具有约束和规范作用。企业文化的约束不是制度式的硬约束，而是一种软约束，这种约束产生于企业的企业文化氛围、群体行为准则、道德规范、群体意识、社会舆论、共同的习俗和风尚等精神文化内容，会造成强大的使个体行为从众化的群体心理压力和动力，使企业成员产生心理共鸣，继而达到行为的自我控制。

3. 凝聚功能

企业文化的凝聚功能是指当一种价值观被企业员工共同认可后，它就会成为一种黏合力，从各个方面将其成员聚合起来，从而产生一种巨大的向心力和凝聚力。它能使全体员工在企业的使命、战略目标、战略举措、运营流程、合作沟通等基本方面达成共识，这就从根本上保证了企业人际关系的和谐性、稳定性和健康性，从而增强了企业的凝聚力。

4. 激励功能

企业文化具有使企业成员从内心产生一种高昂情绪和奋发进取精神的效应。企业文化把尊重人作为中心内容，以人的管理为中心。企业文化给员工多重需要的满足，并能用它的"软约束"来调节各种不合理的需要。所以，积极向上的理念及行为准则将会形成强烈的使命感、持久的驱动力，成为员工自我激励的一把标尺。一旦员工真正接受了企业的核心理念，他们就会被这种理念所驱使，自觉自愿地发挥潜能，为公司更加努力、高效地工作。

5. 辐射功能

企业文化一旦形成较为固定的模式，它不仅会在企业内部发挥作用，对本企业员工产生影响，而且也会通过各种渠道（宣传、交往等）对社会产生影响。企业文化的传播将帮助树立企业的良好公众形象，提升企业的社会知名度和美誉度。优秀的企业文化也将对社会文化的发展产生重要的影响。

6. 品牌功能

企业在公众心目中的品牌形象，是一个由以产品服务为主的"硬件"和以企业文化为主的"软件"所组成的复合体。优秀的企业文化，对于提升企业的品牌形象将发挥巨大的作用。独具特色的优秀企业文化能产生巨大的品牌效应。品牌价值是时间的积累，也是企业文化的积累。

第四节　企业文化的构成

一、企业文化的构成

根据企业文化的定义，其内容是十分广泛的，但其中最主要的应包括如下十点：

1. 经营哲学

经营哲学也称企业哲学，是一个企业特有的从事生产经营和管理活动的方法论原则。它是指导企业行为的基础。经营哲学是由一系列观念所组成的，包括市场观念、竞争观念、效益观念、创新观念、长远观念、社会（生态）观念、民主观念等。经营哲学决定了企业经营的思维方式和处理问题的法则，从而指导经营者进行作出的决策，指导职员采用科学的方法从事生产经营活动。一个企业在激烈的市场竞争环境中，面临着各种矛盾和多种选择，要求企业有一个科学的方法论来指导，有一套逻辑思维的程序来决定自己的行为，这就是经营哲学。例如，日本松下公司"讲求经济效益，重视生存的意志，事事谋求生存和发展"，这就是它的战略决策哲学。北京蓝岛商业大厦创办于1994 年，它以"诚信为本，情义至上"的经营哲学为指导，"以情显义，以义取利，义利结合"，使之在创办三年的时间内营业额就翻了一番，跃居首都商界第 4 位。

2. 价值观念

所谓"价值观念"，是指人们基于某种功利性或道义性的追求而对人们（个人、组织）本身的存在、行为和行为结果进行评价的基本观点。可以说，人生就是对价值的追求，价值观念决定着人生追求行为。价值观不是人们在一时一事上的体现，而是在长期实践活动中形成的关于价值的观念体系。企业的价值观，是指企业职工对企业存在的意义、经营目的、经营宗旨的价值评价和为之追求的整体化、个异化的群体意识，是企业全体职工共同的价值准则。企业的价值观是企业在追求经营成功过程中所推崇的基本信念和奉行的目标。只有在共同的价值准则基础上才能产生企业正确的价值目标。有了正确的价值目标才会有奋力追求价值目标的行为，企业才有希望。因此，企业价值观决定着职工行为的取向，关系着企业的生死存亡，企业价值观是把所有员工联系在一起的纽带，是企业生存发展的内在动力和企业行为规范制度的基础。它代表着企业存在的理由，是企业文化的核心和企业精神的灵魂。企业价值观建设的成败，决定着企业的生死存亡，企业价值观的发展与完善是一个永无止境的工作。只顾企业自身经济效益的价值观，就会偏离社会主义方向，不仅会损害国家和人民的利益，还会影响企业形象；只顾眼前利益的价值观，就会急功近利，搞短期行为，使企业失去后劲，导致灭亡。

3. 企业精神

企业精神是指企业基于自身特定的性质、任务、宗旨、时代要求和发展方向，并经过精心培养而形成的企业成员群体的精神风貌。

企业精神要通过企业全体职工有意识的实践活动体现出来。因此，它又是企业职工观念意识和进取心理的外化。

企业精神是企业文化的核心，构成企业文化的基石，在整个企业文化中起着支配的地位。企业精神以价值观念为基础，以价值目标为动力，对企业经营哲学、管理制度、道德风尚、团体意识和企业形象起着决定性的作用。可以说，企业精神是企业的灵魂。

企业精神通常用一些既富有哲理又简洁明快的语言予以表达，便于职工铭记在心，时刻激励自己；也便于对外宣传，容易在人们脑海里留下印象，从而在社会上形成个性鲜明的企业形象。如王府井百货大楼的"一团火"精神，就是用"大楼人"的光和热去照亮、温暖每一颗心，其实质就是奉献服务；北京西单商场的"求实、奋进"精神，体现了以求实为核心的价值观念和真诚守信、开拓奋进的经营作风。

企业精神还指企业员工所具有的共同内心态度、思想境界和理想追求。

它表达了企业的精神风貌和企业的风气，可以激发企业员工的积极性，增强企业的活力。

4. 企业道德

企业道德是指调整该企业与其他企业之间、企业与顾客之间、企业内部职工之间关系的行为规范的总和。它是从伦理关系的角度，以善与恶、公与私、荣与辱、诚实与虚伪等道德范畴为标准来评价和规范企业。

企业道德与法律规范、制度规范不同，不具有那样的强制性和约束力，但具有积极的示范效应和强烈的感染力，当被人们认可和接受后具有自我约束的力量。因此，它具有更广泛的适应性，是约束企业和职工行为的重要手段。例如，中国老字号药店同仁堂之所以三百多年长盛不衰，就在于它把中华民族优秀的传统美德融于企业的生产经营过程之中，形成了具有行业特色的职业道德，即"济世养身、精益求精、童叟无欺、一视同仁"。

5. 团队意识

团队即组织，是一个具有协调作用的系统，它使其中的个人能够在相互合作下做到他独自不能做到的事情。现代组织要明确组织目标、权利结构和决策机制，明确组织的动力结构即激励机制，明确组织内部的信息沟通机制。

平时我们所讲的组织，应理解为由（小）团队组成的组织，而团队中最重要的就是团队意识。团队意识是指组织成员的集体观念，是企业内部凝聚力形成的重要心理因素。团队意识的形成使企业的每个职工把自己的工作和行为都看成是实现企业目标的一个组成部分，使他们对自己作为企业的成员而感到自豪，对企业的成就产生荣誉感，从而把企业看成是自己利益的共同体和归属。因此，他们就会为实现企业的目标而努力奋斗，自觉地克服与实现企业目标不一致的行为。

企业组织目标最终是要分解到各个团队来完成的，因此团队要有以下三个要素：一是共同的目标；二是明确分工；三是为了实现团队目标，都有自我牺牲的精神。团队建设要注意以下三个方面：一是成员结构要合理，老、中、青进行搭配；二是给年轻人提供机会，使其在实践中锻炼自己；三是当年轻人出现问题要及时关心爱护。

6. 企业形象

企业形象是企业通过外部特征和经营实力表现出来的，被消费者和公众所认同的企业总体印象。企业形象是企业精神文化的一种外在表现形式，是企业文化建设的核心。优秀的企业形象以强大的物质基础和经营实力作为优

质产品和服务的保证，达到内在精神和外观形象的结合，赢得了广大顾客的认可和信任。

由外部特征表现出来的企业的形象称表层形象，如招牌、门面、徽标、广告、商标、服饰、营业环境等，这些都给人以直观的感觉，容易形成印象；通过经营实力表现出来的形象称深层形象，它是企业内部要素的集中体现，如人员素质、生产经营能力、管理水平、资本实力、产品质量等。表层形象以深层形象为基础，没有深层形象这个基础，表层形象就是虚假的，就不能长久地保持。流通企业由于主要是经营商品和提供服务，与顾客接触较多，所以表层形象显得格外重要，但这绝不是说深层形象可以放在次要的位置。北京西单商场以"诚实待人、诚心感人、诚信送人、诚恳让人"树立了全心全意为顾客服务的企业形象，而这种服务是建立在优美的购物环境、可靠的商品质量、实实在在的价格基础之上的，即以强大的物质基础和经营实力作为优质服务的保证，达到表层形象和深层形象的结合，赢得了广大顾客的信任。

企业形象还包括企业形象的视觉识别系统，比如 VIS 系统，是企业对外宣传的视觉标识，是社会对这个企业的视觉认知的导入渠道之一，也是该企业是否进入现代化管理的标志内容。

7. 企业制度

企业制度是指在一定的历史条件下所形成的企业经济关系，是关于企业组织、运营、管理等一系列行为的规范和模式的总称。其表现形式或组成包括法律与政策、企业组织结构（部门划分及职责分工）、岗位工作说明、专业管理制度、工作流程、管理表单等各类规范文件。从企业文化的层次结构看，企业制度属中间层次，它是精神文化的表现形式，是物质文化实现的保证。

从企业文化的层次结构看，企业制度属中间层次，它是精神文化的表现形式，是物质文化实现的保证。企业制度作为职工行为规范的模式，使个人的活动得以合理进行，内外人际关系得以协调，员工的共同利益得以保护，从而使企业有序地组织起来为实现企业目标而努力。

8. 文化结构

文化结构是指企业文化系统内各要素之间的时空顺序、主次地位与结合方式，企业文化结构就是企业文化的构成、形式、层次、内容、类型等的比例关系和位置关系。它表明各个要素如何链接，形成企业文化的整体模式。文化结构包括：企业物质文化、企业行为文化、企业制度文化、企业精神文化。

（1）企业物质文化。企业物质文化是企业职工创造的产品和各种物质设

施等构成的器物文化，是一种以物质形态加以表现的表层企业文化。首先，企业生产的产品和提供的服务是企业生产经营的成果，是物质文化的首要内容。其次，企业的生产环境、企业容貌、企业建筑、企业广告、产品包装与设计等构成企业物质文化的重要内容。

（2）企业行为文化。企业行为文化是指在企业经营、教育宣传、人际关系活动、文娱体育活动中产生的文化现象。它是企业经营作风、精神面貌、人际关系的动态体现，也是企业精神、企业价值观的折射。企业行为文化包括企业行为的规范、企业人际关系的规范和公共关系的规范。

（3）企业制度文化。企业制度文化主要包括企业领导体制、企业组织机构和企业管理制度三个方面。制度文化是一定精神文化的产物，它必须适应精神文化的要求。人们总是在一定的价值观指导下去完善和改革企业各项制度；制度文化是精神文化的基础和载体，并对企业精神文化起反作用。一定的企业制度的建立，会影响人们选择新的价值观念，成为新的精神文化的基础。企业文化总是沿着精神文化——制度——新的精神文化的轨迹不断发展、丰富和提高的。企业的制度文化也是企业行为文化得以贯彻的保证。

（4）企业精神文化。企业精神文化是指企业生产经营过程中，受一定的社会文化背景、意识形态影响而长期形成的一种精神成果和文化观念。它包括企业精神、企业经营哲学、企业道德、企业价值观念、企业风貌等内容，是企业意识形态的总和与集中体现。它构成企业文化的基石，在整个企业文化系统中处于核心的地位。

物质层：企业形象。

制度层：对企业员工和组织行为产生规范性、约束性影响的部分。

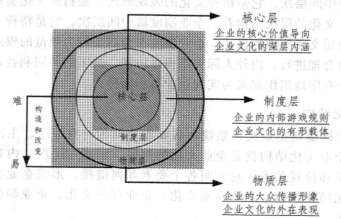

图 1.1　企业文化层次结构

精神层：共同信守的基本信念、价值标准、职业道德及精神风貌。精神层是企业文化的核心和灵魂，是形成企业文化的物质层和制度层的基础和原则。它包括企业经营哲学、企业精神、企业风气、企业目标及企业道德等五个方面。

实践证明：企业文化建设与企业发展息息相关，是企业发展的灵魂；是关系到企业前途命运的大事；是做好企业发展战略规划的重要组成部分。企业利润就像人体所需要的氧气、食物和水一样重要，没有它们，就没有生命，但这些不是生命的目的和意义。

9. 企业使命

所谓"企业使命"，是指企业在社会经济发展中应担当的角色和责任；是关于企业存在的目的或对社会发展的某一方面应做出的贡献的陈述，也称为企业宗旨。是指企业的根本性质和存在的理由，说明企业的经营领域、经营思想，为企业目标的确立与战略的制定提供依据。企业使命要说明企业在全社会经济领域中所经营的活动范围和层次，具体地表述企业在社会经济活动中的身份或角色。它包括企业的经营哲学、企业的宗旨和企业的形象等内容。

10. 企业战略

企业战略是指企业根据环境的变化、本身的资源和实力，选择适合的经营领域和产品，形成自己的核心竞争力，并通过差异化在竞争中取胜。企业战略是设立远景目标并对实现目标的轨迹进行的总体性、指导性谋划，属于宏观管理范畴，具有指导性、全局性、长远性、竞争性、系统性、风险性六大主要特征。企业存在理由是企业战略的核心问题。

良好的企业文化一般具有以下共性：

（1）员工职业化：职业化是任何企业的员工都需要具备的素质。员工的职业化，包括具备良好的职业道德、责任意识、服务态度和符合职位的专业化能力。什么是职业化？无论你的待遇如何，只要你从事自己的工作，你就必须尽心尽力做好工作，哪怕是职责内你认为是超值的贡献（效果），也不能改变你"应该"的性质。职业化还包括员工在专业化职责方面有上进心和主动提升技能的自觉。

（2）有公平竞争机制：企业内部有公平竞争的氛围，有一套鼓励竞争的机制和公平的评价标准，并按照公平的标准进行分配。同时，企业基本上消除了平均主义观念和杜绝搭便车的行为。企业的竞争机制和分配标准是稳定的可以预期的，能够避免随意性。

（3）企业理念制度化：企业有一套支持企业长期发展的理念，并得到制

度化的支持。企业可持续发展，合理平衡长期利益和短期利益，客户导向、注重效率、诚实敬业等等，与企业的激励机制相统一，并成为企业具体的标准和制度。企业的基本理念和价值观是清晰明确的，是制度化的体系。

（4）有沟通和协调机制：企业内部的矛盾不是通过对抗性的手段来解决，而是通过一套沟通机制来解决的。企业内部有合理的团队观念和团队精神，有合理的申诉途径和对违背企业利益行为的惩罚机制，以及矛盾冲突的理性沟通和组织沟通机制。

（5）长处最大限度发挥：每一个企业都有自己的长处，都是企业核心竞争力的重要组成部分。企业通过制度化激励自己的长处，使自己的长处得到加强。另外，员工对企业的未来有充分的信心，并保持旺盛的工作热情。企业文化适合该企业所在行业发展的要求，也就是具备该行业经营中最基本的美德。

第二章 企业物质文化

第一节 企业物质文化的内涵及特征

一、企业物质文化及其内容

物质文化是企业文化的物质载体和物化形态。物质文化主要包括：① 厂容厂貌，自然环境，建筑风格，厂区和生活区的布置设计、美化等。② 产品形象。③ 技术设备特性等。

企业物质文化的主要内容有：

（1）企业名称、标志、标准字、标准色，这是企业物质文化的最集中的外在体现；

（2）企业外貌、自然环境、建筑风格、办公室和车间的设计和布置方式、绿化美化情况、污染的治理等；

（3）产品及其特色、式样、外观和包装，产品的这些要素是企业文化的具体反映；

（4）技术工艺设备及其特性；

（5）厂徽、厂旗、厂歌、厂服、厂花；

（6）企业的文化体育生活设施；

（7）企业造型和纪念性建筑，包括厂区雕塑、纪念碑、纪念墙、纪念林、英模塑像等；

（8）企业纪念品；

（9）企业文化传播网络，包括企业自办的报刊、刊物、有限广播，闭路电视、计算机网络、宣传栏（宣传册）、广告牌、招贴画等。

二、企业物质文化建设的原则

企业物质文化建设属于企业管理活动的一项内容。对物质文化建设，我

们应该弄清楚其财务管理内容、原则和方法，如果财务管理抓好了，物质文化建设就会顺畅，否则，物质文化建设就会受阻，因此物质文化建设的财务管理对物质文化建设来讲十分重要。

1. 企业物质文化建设财务管理内容

对于企业物质文化建设来讲，其财务管理既涉及资本性支出，也涉及非资本性支出。资本性支出应包括购置的技术工艺设备、购建体育生活设施、建造厂区雕塑、纪念碑、纪念墙、英模塑像、有限广播、闭路电视网、计算机网络等等。非资本性支出应包括：① 车间厂房、办公室等建筑物的设计和布置、宣传栏和标识的制作、绿化、治理污染、职工厂服制作等与车间有关的企业物质文化建设方面的支出；② 企业名称的征集、企业标志、标准字、标准色的设计、企业标识的制作、办公楼布置、厂区绿化的支出，厂徽、厂旗、厂歌、厂花、管理人员厂服设计及制作的支出，企业自办报纸、刊物、管理部门宣传栏和宣传册制作等与管理部门有关的企业物质文化建设的支出；③ 产品的特色、式样、外观资料、产品包装、企业纪念品购置、广告牌制作等与销售有关的企业物质文化建设的支出。企业对物质文化建设中发生的资本性支出，可使用更新改造资金，购建后形成固定资产。这时，资金形态由流动资金转化为固定资金，通过计提折旧逐月从收入中得到回收。企业对物质文化建设中发生的非资本性支出，有的计入了产品成本，有的计入了期间费用，这时资金形态是经营资金形态之间的相互转化，通过收入一次性回收。企业的物质文化建设不仅能够体现企业的领导和员工共同信守的基本信念、价值标准、职业道德及精神风貌，体现企业的最高目标、企业哲学、企业精神，还能体现企业风气、企业道德和企业宗旨。

2. 企业物质文化建设财务管理的目标、主要原则

（1）企业物质文化建设财务管理的目标。

企业物质文化建设的目的是为顾客提供优质的、技术审美的、价格满意的、态度满意的、时间满意的产品。企业物质文化建设财务管理，应把"以最适宜的投入实现企业物质文化建设的目的"作为自己的目标。

（2）企业物质文化建设财务管理的主要原则。

为更好地完成企业物资文化建设，除了遵循财务管理通则外，还应遵循下列原则：

① 满足顾客的原则。

企业要为顾客服务，只有顾客购买企业的产品，企业才能有收入、成本才能得到补偿，才能有利润，所以企业在进行物质文化建设时，应遵循

满足顾客的原则，企业进行物质文化建设财务管理时，同样也要遵循满足顾客的原则。企业为提高产品质量该投入要投入，增加产品审美价值的资金该支出要支出，同时降低成本的措施该采取要采取，这样企业的产品质量提高了，外观漂亮了，价格降低了，就会得到顾客的满意，顾客就会购买该企业的产品。

② 适度的原则。

企业在物质文化建设时，还要遵守适度的原则，企业要为顾客提供满意的产品。所谓"满意的产品"，就是质量高、价格低的产品。企业进行物质文化建设的支出最终都会反映到产品价格上，不支出无法保证产品质量，无限制的支出会提高产品价格。所以，企业在进行物质文化建设的财务管理时要遵循适度的原则。

③ 品质文化原则。

品质文化原则就是强调企业产品的质量。产品的竞争首先是质量的竞争，质量是企业的生命。特殊稳定的优质产品是维系企业信誉和品牌的根本保证，因此企业要遵循品质文化原则，营造靠质量取胜的文化氛围。品质文化首先要解决的就是产品的提供者要有作为消费者那样对产品质量高度重视的意识，要把消费者的权益放在首位。每一个企业领导者都有责任让员工明白，劣质产品不仅损害消费者的利益，归根到底还会危害企业的利益。企业要正确处理利和义的关系，把"优质"作为企业的存在之本。

案例：奔驰公司要求全体员工精细化，一丝不苟，严把质量关。奔驰车座位的纺织面料所用的羊毛是从新西兰进口的，粗细在 23~25 微米，细的用于高档车，柔软舒适；粗的用于中低档车，结实耐用。纺织时还要加进一定比例的中国真丝和印度洋绒。皮面座位要选上好的公牛皮，从养牛开始就注意防止外伤和寄生虫。加工鞣制一张 6 平方米的牛皮，能用的不到一半，肚皮太薄、颈皮太皱、腿皮太窄的一律除去，制作染色工艺也很考究，最后坐椅制成后，还要用红外线照射灯把皱纹熨平。奔驰公司有一个 126 亩的试车场；每年拿出 100 辆新车进行破坏性试验，以时速 35 英里的车速撞击坚固的混凝土厚墙，以检验前座的安全性。奔驰公司在全世界各大洲设有专门的质量检测中心，有大批质检人员和高性能的检测设备，每年抽查上万辆奔驰车。这些措施使奔驰名冠全球，使奔驰的"品质文化"深入人心。

案例来源：刘光明：《企业文化案例》，经济管理出版社 2003 年版。

④ 顾客愉悦原则。

从企业文化的角度看，产品不仅意味着一个特质实体，而且意味着产品中所包含的使用价值、审美价值、心理需求等一系列利益的满足。具体地说，顾客愉悦原则应当包括品质满意、价格满意、态度满意和时间满意。品质满意，即顾客对产品的造型、功能、包装、使用质量的肯定。品质满意是品质文化的核心规范之一。价格满意是指产品必须以质论价。态度满意主要是针对商业企业和服务性行业来说的，服务行业的服务水平、服务人员的业务质量、工作的责任感、服务职责等等方面，在一定程度上都关系到消费者的利益。时间满意，是指产品交货或应市时间要让顾客满意，同时也包括及时的售后服务。

⑤ 技术审美原则。

现代产品，从某种意义上说是科技和美学相结合的成果。任何一件技术产品，其存在的唯一根据就是具备实用性和审美性的统一。从这个意义上说，企业文化与美学，特别是与技术审美是相互包容、相互渗透、相互融合的。产品的审美价值是由产品的内形式和外形式两部分构成的，其中外形式的审美价值具有特别重要的意义。审美功能要求产品的外形式在具备效用功能的同时，还需具备使人赏心悦目、精神舒畅的形式美。产品的形态是技术审美信息的载体，设计时必须充分考虑形态的生理效应、心理效应和审美效应，使之体现出技术产品的实用功能和审美功能的统一。技术美学原理不仅要贯彻到产品设计与制造之中，而且要贯彻到企业环境的总体设计、企业建筑设计、门面设计等方面。在企业的广告、招牌的设计上，也必须贯彻技术美学的原则，企业的广告充分调动一切艺术形式的作用，力求达到新颖、形象、富有美感和个性化。在产品的包装设计上，也必须贯彻这一原则。

第二节　企业环境

一、企业环境

企业环境是企业文化的一种外在象征，它体现了企业文化的个性特点。企业环境主要是指与企业生产相关的各种物质设施、厂房建筑以及职工的生活娱乐设施，一般包括工作环境和生活环境两个部分。

1．工作环境

工作环境的构成因素很多，主要包括两部分内容：一是物理环境，包括视觉环境、温湿环境、嗅觉环境、营销装饰环境等；二是人文环境，主要包括领导作用、精神风貌、合作氛围、竞争环境等等。创造一个良好的企业工作环境不仅能保证员工身心健康，而且是树立良好企业形象的重要方面。企业要尽心营造一个干净、整洁、独特、积极向上、团结互助的工作环境，这是企业展示给社会公众的第一印象。企业工作环境的优劣，直接影响到企业员工的工作效率和情绪。整齐、整洁的工作环境，容易吸引顾客，让顾客心情舒畅；同时，由于口碑相传，企业会成为其他公司的学习榜样，从而大大提高企业的声望。

营造和谐的工作环境，为员工提供安全、舒适的工作环境，应配备必要的工具和办公设施。建立内部沟通交流制度，加强内部沟通与交流，为员工提供和谐、高效、优质的服务，营造团结奋进、严格管理、不断创新、追求卓越的工作氛围。企业管理者在强调工作纪律与工作效率的同时，不能忽略人与人之间关系的和谐，更不能忽视对普通员工的尊重，要率先垂范，在企业中营造一种良好的人际氛围，体现人与人之间的人格平等。通过开展企业文化建设，培育共同的价值观和行为准则，营造相互鼓励、相互帮助的工作氛围，形成"胜则举杯相庆，败则拼死相救"的团队精神。以和谐的工作环境使每个员工在企业中不但干得好，还干得开心，从而不断增强企业的凝聚力。

改善企业内部环境，满足员工多层次需求。开展思想政治工作，内容、形式要创新，贴近基层、贴近一线、贴近员工。企业内部各种宣传阵地、新闻媒体，都要增强员工可读性。大力表彰先进，总结先进单位、先进集体的经验，树立典型，大力推广。对各种荣誉获得者，给予精神、物质激励，给予旅游、出国、休养、培训等机会，满足员工精神需求。

2．生活环境

企业的生活环境包括企业员工的居住、休息、娱乐等客观条件和服务设施，企业员工本身及其子女的学习条件。这些方面的好坏也会影响到企业员工的工作热情和工作质量。因此，优化企业生产环境的同时，要注重优化企业的生活环境，包括改善企业员工的居住、休息、娱乐等条件和相关服务设施，为企业员工本身及其子女提供良好的学习条件，使职工免去后顾之忧，从而更加专注于工作。

二、企业的建筑物

    建筑是人类最重要的文化现象之一。一定时期的建筑总是反映出一定时期的文化内涵，作为企业建筑同样也必须反映出企业文化的内涵。

    一个企业要形成具有个性的、强势的企业文化体系需要一个长期的过程。这个过程就是要将企业的核心价值观通过各种途径在员工中进行宣传，使员工由内心逐渐接受进而融入企业文化的塑造中。这种传播的途径大多是由上而下的传播，包括听觉、视觉，它是多方位的、长时间的渗透过程。企业建筑物毫无疑问是传播企业精神文化的主要载体，它要为员工创造一种工作的氛围，在这个氛围里，员工时时刻刻都能感受到企业文化的价值内涵。在"建筑综合效应"下，对员工的心理和生理起到影响，使员工在不知不觉中接纳了企业的精神理念。所以建筑与文化两者之间的联系有异曲同工之妙。可以说，自从有了文化（企业文化），建筑（企业建筑）就与其有了密不可分的联系，一定时期的建筑肯定反映了一定时期的文化，而一个企业的建筑也肯定需要反映出其企业文化的深刻内涵。

1. 从传统文化与企业文化的结合中寻找构思源泉

    企业建筑物要反映出企业文化的内涵，就一定要深刻理解该企业的核心价值观。因为企业文化总是建立在特定的民族文化的基础之上，并与该民族物质文明与精神文明的发展水平密切相关。例如，东方企业大多数受儒家思想潜移默化的影响，企业文化和儒家的价值观有很强的联系。而西方企业大多数崇拜个人主义和英雄主义，所以大多数企业文化提法比较直接。因此，企业一定要将企业建筑物所处的民族文化和企业本身的特质理解透彻，才能够将企业文化的内涵渗透到企业建筑物中。

2. 将企业的形象战略进行提取、拼贴、变异进化

将企业的形象战略进行提取、拼贴、变异和进化，应用到企业建筑的造型、色彩及布局设计中。企业的形象战略手册简称企业的 CI 手册，它是一个企业为规范企业的对外形象而制定的形象规范手册，包括了企业理念、企业行为系统、企业视觉识别系统三部分的内容，特别是企业视觉识别系统和企业建筑物有密不可分的联系。要将企业的形象战略应用到企业的建筑物，可以是对企业的标志、标准色、形象符号等进行提取、拼贴、变异和进化，从而很好地将企业文化体现在企业的建筑物中。

案例： 海尔办公大楼从外观看是一幢四方形的建筑物，但从大楼里面看则是圆形的，这体现了海尔形象识别标志的内涵。海尔的形象识别标志称为方圆标志，意即"思方行圆"，它是由纵横 36 个圆形组成的，第一行第一列是个"方块"，其余全是圆点。"方块"放在阵中的排头表示以它为基础向纵深发展，它在这里代表了海尔的思想、理念、文化，它是一个中心，它指导着周边圆点的组合，体现了"思方行圆"的思想，即在工作中要将原则和灵活性有机地结合起来，以达到预定的目标和效果，同时也有发展无止境的寓意。海尔办公大楼的外围四周有四根红色的柱子，这是和标志中的红色标准色及圆点相一致的。

案例： 五粮液建筑

第三节 企业容貌

企业标识，是企业文化的表征，是体现企业个性化的标志，包括企业名称、标志、标准字、标准色等。它要求具有自身特色，能达到使人过目不忘的效果。

一、企业名称

在企业识别要素中，首先要考虑的是企业名称。企业名称一般由专用名称和通用名称两部分构成。前者用来区别同类企业，后者说明企业的行业或产品归属。名称不仅是一个称呼、一个符号，而且体现企业在公众中的形象。企业名称可以由国别、地名、人名、品名、产品功效等形式来命名，同时还应考虑艺术性，应当尽可能运用寓意、象征等艺术手法。

1. 企业名称的基本要素

构成企业名称的四项基本要素：行政区划、字号、行业或者经营特点、组织形式。其中，行政区划是指县以上行政区划的名称，企业名称一般应冠以企业所在地行政区划名。字号是构成企业名称的核心要素，由两个或两个以上的汉字组成。企业名称是某一企业区别于其他企业或其他社会组织的标志，而企业名称的这一标志作用主要是通过字号体现的。企业应根据自己经营范围中的经营方式来确定名称中的行业或经营特点，以具体反映企业生产、经营、服务的范围、方式或特点。企业应当根据其组织结构或者责任形式，在企业名称中标明组织形式，标明的组织形式应当符合国家法律、法规的规定。

2. 确定企业名称应遵守的规范要求

企业法人必须使用独立的企业名称，企业名称中不得包含另一个法人名称；企业名称应当使用符合国家规范的汉字，民族自治区的企业名称可以同时使用本地区通用的民族文字；企业名称不得含有有损国家利益或社会公共利益、违背社会公共道德、不符合民族和宗教习俗的内容；企业名称不得含有违反公平竞争原则、可能对公众造成误认、可能损害他人利益的内容。企业在申请、使用企业名称时，不得侵害其他企业的名称权；企业名称不得含有法律或行政法规禁止的内容。企业名称不仅应符合《企业名称登记管理规定》的有关条文，而且应符合其他国家法律或行政法规的规定。

二、企业标志

企业标志是通过造型简单、意义明确的统一标准的视觉符号，将经营理念、企业文化、经营内容、企业规模、产品特性等要素，传递给社会公众，使之识别和认同企业的图案和文字。企业标志是视觉形象的核心，它构成企业形象的基本特征，代表企业全体，体现企业内在素质。

1.企业标志的特征

企业标志的特征主要有识别性、领导性、造型性、延展性、系统性、时代性和艺术性等。

（1）识别性：识别性是企业标志的基本功能，借助独具个性的标志，来区别本企业及其产品的识别力，是现代企业市场竞争的"利器"。

（2）领导性：企业标志是企业视觉传达要素的核心，也是企业开展信息传达的主导力量。

（3）造型性：企业标志图形的优劣，不仅决定了标志传达企业情况的效力，而且会影响到消费者对商品品质的信心与企业形象的认同。

（4）延展性：企业标志作为应用最为广泛、出现频率最高的视觉传达要素，必须在各种传播媒体上广泛应用。

（5）系统性：企业标志一旦确定，可以用强有力的标志来统一各关系企业，采用统一标志不同色彩、同一外形不同图案或同一标志图案不同结构方式，来强化关系企业的系统化精神。

（6）时代性：现代企业面对发展迅速的社会，日新月异的生活和意识形态，不断变化的市场竞争形势，其标志形态必须具有鲜明的时代特征。

（7）艺术性：企业标志图案是形象化的艺术概括，它用特有的审美方式、生动具体的感性描述和表现，促使标志主题凸显，从而达到准确传递企业信息的目的。

案例：

"M"虽只是个非常普通的字母，但是在许多小孩子的眼里，它代表着麦当劳，代表着美味、干净、舒适。与麦当劳(McDonald's)圆润的棱角、柔和的色调不同，摩托罗拉（Motorola）的"M"标志棱角分明、双峰突出，以充分表达品牌的高科技属性。

案例：

奔驰（Benz）是原产德国的世界著名汽车品牌，一百多年来，赢得了世界的信任，是身份和地位的标志。在中国，它也是最

受上层社会欢迎的汽车之一。然而，白玉也有瑕，一些人不愿选择奔驰汽车的原因就是奔驰汽车那个圆形的汽车方向盘似的标志，虽然简洁明快、个性突出，但一眼看上去就像一个"囚"字。于是，奔驰汽车被一些人戏称为囚车，既然是囚车，一些人作选择时当然会有所顾忌。

案例：

 金利来，原来叫"金狮"，在香港人看来，便是"尽输"，香港人非常讲究吉利，面对如此忌讳的名字自然无人光顾。后来，曾宪梓先生将标志"Goldlion"分成两部分，前部分 Gold 译为金，后部分 lion 音译为利来，取名"金利来"之后，情形大为改观，吉祥如意的名字立即为金利来带来了好运，可以说，"金利来"能够取得今天的成就，其美好的名称功不可没。

2. 企业标志建设应遵循的原则

企业标志的建设要分析研究企业所在的市场，能充分反映企业特性并符合企业定位与形象；能满足消费者的需要与认知；能符合时代意识和日新月异的潮流走向。企业标志的建设，应遵循适应性原则、知识性原则、可呼性原则、易识性原则、美观性原则、普适性原则。

（1）适应性原则：商标建设要符合产品营销的法规和风俗，要适应时代潮流。

（2）知识性原则：商标形式要根据产品行销地消费者的文化水平和产品性质适当选用图形商标、文字商标或者组合商标。

（3）可呼性原则：不管是哪一种类型的企业标志都应该被广大的客户很容易地用语言来形容。

（4）易识性原则：不管是哪一种类型的企业标志都应该简单易识，并且具有明确而强烈的表现力，容易被客户记住。

（5）美观性原则：企业标志必须符合艺术原则，造型优美精致，适应大众审美心理，给人以美的吸引和享受。

（6）普适性原则：在设计企业标志时，应考虑标志在多种场合（企业建筑物、产品的包装、员工徽记和广告媒介等）使用，同时还应考虑在宣传媒介上制作方便，确保普适、统一的企业形象。

三、标准字

标准字指企业名称标准字体、产品名称标准字体和其他专用字体，它是

企业识别中的基本要素之一。标准字往往与商标同时使用，出现频率很高，运用广泛，几乎出现于所有的应用设计中。标准字的设计处理不但是信息传达的手段，也是构成视觉表现感染力的一种不可缺少的要素。

标准字体包括品牌标准字和企业名称标准字。它们的基本功能都是传达企业精神，表达经营理念。

标准字的建设应当遵循准确性原则、关联性原则、独特性原则。

（1）准确性原则：标准字体要最大限度地准确、明朗，可读性强，不会产生任何歧义。

（2）关联性原则：标准字体的设计不只是考虑美观，还要充分调度字体的感应元素，确保标准字和商品的特性有一定内在联系，唤起大众对商品本质的联想。

（3）独特性原则：标准字体的设计要以企业的文化背景和企业经营理念为基础，设计出独具一格、具有鲜明特色、有震撼力的字体，将企业的经营内容或产品特性利用各种方式具体地表现出来。

案例：

![lenovo联想]

四、标准色

标准色是企业根据自身特点选定的某一色彩或某一组色彩，用来表明企业实体及其存在的意义。色彩是视觉感知的基本因素，它在视觉识别中的决定性作用，使得企业必须规定出企业用色标准，使企业标志、名称等色彩实现统一和保持一致，以达到企业形象和视觉识别的目的。

色彩作为视觉文化中的一个重要因素，能有力地表达情感，在不知不觉中影响着人们的精神、情绪和行为。每一种颜色都能诱发出一定的情感。标准色的选择以反映企业的经营理念、经营战略，表现企业文化、企业形象为主，还要根据不同消费者的心理感受以及年龄、不同企业、行业特点、颜色的含义及其视觉性来确定。

标准色设计一般分为确立企业理念、拟订企业形象、色彩建设、色彩管理、反馈发展五个步骤。设计是有计划的造型行为，色彩设计要考虑用什么样的颜色才能表现企业形象的特质。为便于识别，取得较好的设计效果，标志色彩的诱目性、明视性要高，同时，还要注意配色调和的美感，根据色相、色调的合理组合，设计出正式、安定、高级的感觉。色彩设计决定后，还须

制作色彩规范，用表色符号，标明色彩误差的宽容度，以便实行标准化管理。色彩设计出效果后，还须追踪考察设计成效，将信息反馈资料作为企业形象更新发展的参考。

案例：

可口可乐的标准色是红色和白色。

五、吉祥物

在整个企业识别设计中，吉祥物设计以其醒目性、活泼性、趣味性越来越受到企业的青睐。利用人物、植物、动物等基本素材，通过夸张、变形、拟人、幽默等手法塑造出一个亲切可爱的形象，对于强化企业形象有不可估量的作用。由于吉祥物具有很强的可塑性，往往根据需要设计不同的表情、不同的姿势、不同的动作，较之严肃庄重的标志、标准字更富弹性、更生动、更富人情味，更能达到过目不忘的效果。如第 25 届奥林匹克运动会的科比、麦当劳食品公司的"麦当劳叔叔"、汉城奥运会的"小老虎"、洛杉矶奥运会的"山姆老鹰"等早已成为家喻户晓的吉祥物。

案例：

麦当劳叔叔　　　　1984 洛杉矶奥运吉祥物

第四节　企业的产品

企业生产的产品和提供的服务是企业生产经营的成果，它是企业物质文化的首要内容。传统意义上对产品的解释，常常局限于产品特定的物质形态和具体用途上；而在现代市场营销学中，产品则被理解为人们通过交换而获得的某种需求的满足，归结为消费者和用户期求的实际利益。由此，产品概念所包含的内容大大扩充了：产品是指人们向市场提供的能满足消费者或用户某种需求的任何有形产品和无形服务。其中，有形产品主要包括产品实体及其品质、特色、式样、品牌和包装；无形服务包括可以给买主带来附加利益和心理上的满足感及信任感的售后服务、保证、产品形象、销售者声誉等。

1. 现代产品的整体概念的组成

现代产品的整体概念由核心产品、形式产品和附加产品三个基本层次组成。

（1）核心产品，是指产品的实质层，它为顾客提供最基本的效用和利益。消费者或用户购买某种产品绝不仅仅为获得构成某种产品的各种构成材料，也是为了满足某种特定的需要。

（2）形式产品，是指产品的形式层，较产品实质层具有更广泛的内容。它是目标市场消费者对某一需求的特定满足形式。产品形式一般通过不同的侧面反映出来。产品形式向人们展示的是核心产品的外部特征，它能满足同类消费者的不同要求。

（3）附加产品，是指产品的扩展层，即产品的各种附加利益的总和。它包括各种售后服务，如提供产品的安装、维修、送货、技术培训等。国内外许多企业的成功经验中，很重要的一条就是得益于良好的售后服务。它们除了提供特定的产品外，还根据顾客和用户的需要提供多种服务。在现代市场营销中，企业销售的绝不仅仅是特定的使用价值，还必须是反映产品的整体概念的一个系统。在日益激烈的竞争环境中，附加产品给顾客带来的附加利益，已成为市场竞争的重要手段。现代市场经济运行状况表明，新的竞争并非指各公司在其所生产的产品上，而在于附加在包装、服务、广告、顾客咨询、资金融通、运送、仓储及具有其他价值的形式上。因此，能正确发展附加产品的公司，必将有利于在竞争中取胜。

2. 产品是企业信息的综合体现

企业把科技、生产、工艺、材料、市场促销、媒体传播、经济、社会、人文等多种学科的互动与协调，物化为产品。就是说，作为一个出产品的企业，在其产品上会给人们提供一种综合的、全方位的信息。

通过该企业产品，人们可以了解其科学合理的企业管理，严格的质量管理，创新的设计理念，精湛的工艺技术，高效的生产管理，完善的售后服务，高超的促销手段，吸引消费者的魅力等等。产品折射出多种信息，从而营造出脍炙人口的品牌，进一步塑造了企业形象。

因此,企业形象最终体现在它的产品上,而所有的软件资源体现在产品这个实实在在的硬件上。因此,与其说消费者在消费该产品,不如说消费者在消费信息,消费上述的种种软件资源。

3. 企业产品以产品感觉为中心进行设计管理

产品感觉是指人对产品的感受,包括产品的实用性、舒适性、安全和美学吸引力。虽然每个人对于同一对象的感受都会有所不同,但实际上在一定的范围内存在许多共同的感觉。对于出产品的企业而言,产品感觉是设计管理的中心,也是设计管理的目标所在。

设计的最本质的作用在于,它赋予产品形式上的秩序与生命力。产品有着物理上的结构,同时也体现着人类的文化精神。一件成功的产品仅有物理上的结构功能是不够的,同时还要符合人们文化上的审美要求。尤其在现代社会,人们低层次的物理需求已经得到满足,开始转向高层次的精神需求的满足,企业间的产品竞争也日益转向高层次方面。虽然人类已经有着丰富的知识,但形式上的秩序即美感,并不能够直接由工程师根据公式推导出来,而是要由专门的设计师来进行处理。这就进入了设计的领域,而比较复杂的设计需要很多设计师的合作,这就产生了设计管理。

（1）核心产品层。

设计管理可以通过概念设计,提出核心性的概念,比如汽车公司每年提出的概念车,以及在设计竞赛中的概念设计。通过概念设计可以把对未来的设想可视化,把概念明确化,从而可以直观地进行判断。通过这种概念的创造与联想,引导技术革新,创造出新的核心产品,从而为公司树立真正的核心竞争力。

（2）形式产品层。

设计管理通过对产品外观、包装、品牌、结构的优化,创造出差异化的产品,为公司赢得竞争力。这是设计活动参与最多的一层,当然也是设计管理参与最多的一层。

（3）附加产品层。

设计管理通过对附加服务的设计来增加产品的价值,如售后服务的设计、购物环境的设计、直销渠道的设计、策划促销的设计。该层在现代设计中越来越受到重视,如全面设计（global design）的概念。

（4）产品生命周期。

任何一项成功的新产品都会经历从开发期经商品化进入市场,为市场所接受,经过成长、成熟和衰退以及最终退出市场而消亡的过程。营销学上把产品从投入市场至退出市场的全过程称为产品的生命周期。为了研究设计管理在产品生命周期中的作用，这里我们把产品开发期也加入，形成广义的产品生命周期。当然，不同产品的生命周期是不同的。有的新产品被市场接受的时间较长，有的则进入市场不久便夭折，有的甚至在投入市场之前便终止了继续开发。

产品的生命周期一般分为五个阶段：开发期、导入期、成长期、成熟期和衰退期。设计管理在不同的阶段参与的设计领域重点不同。

① 开发期。这一阶段是产品孕育的阶段，企业了解市场需求，提出产品概念，制作原型机，试制样品，为批量生产做准备。开发期在营销理论上常常不列入产品生命周期，因为营销理论研究的是产品进入市场后的价值实现，而在设计管理中这是非常重要的一个阶段，设计管理主要进行产品创新设计管理。

② 导入期。导入期是产品进入市场后的第一阶段，产品开始按批量生产并全面投入企业的目标市场。这个阶段最主要的特征是销量低，销售增长缓慢。在这个阶段，设计管理主要进行产品创新设计管理、展示设计管理、包装设计管理。

③ 成长期。新产品从投入期转入成长期的标志是销售量迅速增长。另一特征是竞争者纷纷介入，当新产品盈利较高时更是如此。在这个阶段，设计管理主要进行产品细节创新设计管理、广告设计管理、分销渠道设计管理。

④ 成熟期。成熟期阶段产品在市场基本饱和，虽然普及率会继续提高，但销售量则趋于基本稳定。由于竞争日益激烈，特别是出现价格竞争，使产品差异化加剧和市场更加细分，顾客对品牌的忠实感开始建立，产品市场占有率的高低主要取决于重复购买率的高低，维护市场占有率所需的费用仍然很高，因此少数财力不足的企业被迫退出市场。在成熟期，进一步对产品细节进行设计管理，利用企业形象进行设计管理，进一步维持市场。居安思危，及早考虑产品的升级换代，从功能、形态、技术等诸方面考虑新产品开发，从总体上延续本企业产品家族的产品周期连续不断。

⑤ 衰退期。市场竞争态势、消费偏好、产品技术以及其他环境因素的变化，导致产品销量减少而进入衰退期，对此必须要有更新的产品面世。原有产品普及率迅速降低，成本回升，分销环节转向营销新品。为了能持续地保持企业的生命力，必须投入已开发的新品，从而进入一个新的产品生命周期。

4. 以产品感觉为中心的全面质量管理

综上所述，对于产品感觉的注重贯穿于整个设计管理的始终，涉及产品

各个层面，扩展到整个产品生命周期，延伸到整个企业多种产品组合。可以说，设计管理是一种以产品感觉为中心的全面质量管理，它不同于传统的全面质量管理（以数字、规范为依据），而是以产品感觉为中心，更具开拓性与创造性，进一步把企业的产品提升到艺术的境界，从而提升产品的竞争力。

作为一个不断要求上进的企业，作为一个想做到"艺术境界"的企业，作为一个想在消费者需求越来越高的市场中赢得胜利的企业，必然要引入设计与设计管理。这不仅能改善其产品的品质，改善其公司的气质，彰显企业价值，还会通过产品影响社会风气。企业不仅是在制造产品与提供服务，而且在制造一种"情境"。企业把产品、商店和广告作为信息提供给消费者，也就是给消费者带来新的生活情境。企业要善于调动消费者各种知觉能力，如果能全面调动起消费者的听觉、触觉、动觉、嗅觉、味觉，那么情境的空间即由单一的直觉空间变为"复合知觉空间"。目前，越来越多的商场采用开架式销货，便是在调动消费者视觉的基础上，进一步调动触觉参与消费的情境创造，这样，消费者心理感受的强度大大提高，购买的欲望也会增强。

第五节　企业物质文化中的职业道德

1. 企业标识蕴含的职业道德

文化总要通过外在形象得以体现。企业文化理念要通过有形的形象向社会、向利益相关者传达。企业标识是人们通过视觉认识企业的一种形式，是对企业从感性认识到理性认识的上升。人们认识企业总是从企业外在的形象开始的。彰显企业文化价值观念，传达企业道德形象，要通过企业标识，所以企业标识在传递企业的文化信息和道德形象方面，总要以普世的，符合人类社会各民族文化价值、宗教信仰、审美情趣以及本民族的文化价值、社会传统的形式来表达。而企业职业道德内涵的表达，则通过外在形式以视觉传达的方式把诚信、责任、使命、友爱、团队、公正、清廉等道德规范表达出来，使社会各阶层和利益相关者通过对企业标识的感觉、知觉、表象产生审美意识，进而产生判断、分析、推理、综合的心理活动。这种视觉传达之目的是让社会各阶层和利益相关者视觉识别，从而达到对企业组织的理念的认可、赞同、文化价值的相容共认、产品和服务的购买和消费。价值观念上的认可和共容，是企业标识设计管理中的重要因素。企业总是以独特的形式、鲜明的意向、蕴含企业职业道德的形式表达出让人感到协调的、祥和的、有美感的、使人产生持久记忆的企业标志；并以本民族的标准字体、标准色来传达反映企业的文化道德内涵；而又常以吉祥物形式传达企业的历史性、特异性、和善、仁爱、诚信、责任和对公众的情感。企业标识以物的形式反映出诚信的品质保证、热情和善的服务行为、关爱祝福的夸张形象，使不同民族、不同文化、不同语言背景、不同年龄的消费者产生认同和共鸣，从而使消费者对企业产品和服务保持持久的消费能力。所以，企业标识中的文化和道德内涵的表达是企业物质文化彰显的重要方式，优秀的企业总是从本企业的文化历史传统、职业道德规范形象、社会责任、企业使命等重要方面去设计形象，并以简约的方式反映企业的文化道德内涵。

企业的品牌标识在企业不同的发展阶段可能会有所变化，品牌标识的变化同时也体现了一个企业从无到有、从小到大的发展历程。在此期间，企业的文化内涵也在不断地积累、沉淀、丰富和创新。

2. 企业环境和建筑物蕴含的职业道德

企业工作环境是企业员工从事产品生产和服务的场所，是员工得以发挥能力和水平的平台。企业发展战略的任何一个步骤、一个重点、一个层次、一个部分、一个阶段，都要在这个平台上得以实现。这个平台是企业发展的核心部位，所以企业工作环境中的实物形态和人文形态，从视觉传达到感觉表象，从视听环境到嗅觉环境，从外形特征到内部装饰，从道路走向到植被绿化，从设施布局到物流走向，都要给社会公众和利益相关者以和谐、整洁、有序、蓬勃、向上的精神气质和管理态势，给人以深刻印象，从而表明企业是一个积极向上的、对社会负有重大责任的企业。当企业员工、社会任何人员走入企业，从入口处就明显地感到其与众不同，橱窗陈列、标语设计、环境设计都向人们展示了企业的文化坐标和道德指向。从中外知名企业看，每一企业的工作环境无不是如此，在工作环境、建筑物这一外在形式上，彰显出企业的文化价值观和道德价值指向。其共同点总是表现出：向上、进取、团结、文明，对利益相关者负责、对社会负责、对环境生态负责的职业道德素养和风范。企业的制度文化、行为文化、精神文化总是在物质环境、企业工作环境中体现出来。以人为本的制度文化、对社会负责的催人向上的行为文化、价值提升的精神文化，总是在企业工作环境中得以表达和实现。纵观国际知名大企业和国内竞争力强的知名企业，在企业工作环境中无不精湛地设计了企业的文化价值和职业道德指向。作为核心价值体系在环境中的表达，向员工宣示企业的文化和道德，似润物无声，给员工以视觉、行为、理念的传达，滋润孕育员工的文化价值和道德规范。而企业生活环境，则以整洁、有序、宽松、祥和、健康体现企业的职业道德和文化价值指向。

　　企业建筑物作为企业最突出的物质形式，作为企业文化的积淀，除了反映民族文化内涵外，还要反映企业的道德价值指向。从视觉传达、听觉传达、表象记忆上，给员工和社会各层人员、利益相关者以庄重平和、历史传统、现代气息、持续发展、社会支柱的形象展示。它是时代的、前进的、发展的，是继承着民族和国家使命的、对社会有责任心的一种道德形象的表达。中外知名企业在建筑物的设计建造上，都可看到这些表达。所以，企业建筑物的设计、建造应该体现企业的道德规范、道德价值，应向社会和利益相关者以及企业员工表达出企业道德传统积淀、企业道德示范、企业道德弘扬等信息。

3. 职业道德在企业产品和服务中的彰显

　　产品和服务是企业文化价值、职业道德在物质形态上的积淀和彰显，企业的文化价值、职业道德形象、社会责任风范、国家民族使命担当都要在企业的产品和服务中体现出来。企业的产品和服务是向社会和利益相关者提交企业操守和品性的资质。对社会负有责任、对国家负有使命的企业，在追求经济利益的同时，无不注重产品和服务所彰显的文化价值和职业道德形象。从产品的造型设计和产品制造上，千方百计地反映消费者的审美情趣、文化传统、时代气息，触发并引领消费者的消费新观念、孕育消费者新的消费方式，以健康、新潮、时尚、安全、亲和诚信、资源节约、环境友善的现代产品设计和制造体现企业道德形象、文化价值、社会责任和民族使命，如中国知名企业海尔集团、华旗资讯、华为集团等均是如此。在产品设计和制造中，应体现企业物质文化、行为文化、制度文化、精神文化各层面蕴含的文化价值和职业道德形象。在产品服务中，从广告的视觉张力，到包装装潢的设计，又到产品的运输、销售，再到产品使用的维修保养和保修退换等一系列环节，都蕴含着企业诚信、操守、气节、责任等职业道德因素。企业产品设计、制造、销售、售后服务的整个过程实际上就是企业彰显文化价值、职业道德形象的过程。而文化价值、职业道德形象的彰显是向社会展示企业的责任和信心、操守和能力、公正和效率，设计出创造价值、发展社会、富民强国的文化价值和职业道德指向。

第三章　企业精神文化

企业精神文化是企业群体意识的集中体现，是企业的灵魂和核心，是企业制度文化、物质文化和行为文化建设的基础与指导思想，也是一种无形的企业管理手段。企业精神文化建设有利于提高员工思想道德觉悟，提升企业形象，推动企业发展和社会进步。因此，认识企业精神文化对于个人发展和企业发展均有重大意义。下面主要从对企业精神文化的认识、建设和评价等方面进行介绍，最后讨论企业精神文化中职业道德的体现。

第一节　企业精神文化概述

企业精神文化是在企业运营中形成的精神成果和文化观念，是以企业精神为核心的价值观体系，集中体现在一个企业的经营思想和个性风格中，反映着企业的信念和追求。企业精神文化用以指导企业开展生产经营活动。

一、企业精神文化的主要内容

企业文化精神的内容主要包括八个方面。

1. 企业目标

企业目标有不同的分类标准，如根据时间不同，可将企业目标划分为长期目标、中期目标和短期目标；根据重要性不同，可将企业目标划分为战略性目标、战术性目标、业务性目标，等等。也就是说，企业目标有层次性，不同企业目标轻、重、缓、急不一样。尽管如此，所有的企业目标对职工都能产生精神动力。

对于企业目标精神动力，需要结合企业实际情况和企业员工现实需求。有些企业只强调企业的最高目标、企业的长期目标、企业的战略目标，使得企业目标缺乏精神动力。比如在许多中小企业，人们更关心短期目标，至于

5 年以上、10 年以上的目标，企业职工中又有多少人会关心呢？因此，需要结合实际情况设定多层次的企业目标才能更好地发挥企业目标的精神动力。

2. 企业哲学

企业哲学，是一种企业管理的哲学思维。普通员工很难理解它。企业哲学是"企业领导者为实现企业目标而在整个生产经营管理活动中的基本信念，是企业领导者对企业长远发展目标、生产经营方针、发展战略和策略的哲学思考"。企业哲学思维对企业管理者来说，是一个基本要求。因为，企业管理者必须回答企业与社会、企业与员工、企业与顾客的社会关系问题，要正确答案这些问题，就必须应用企业哲学来思考。而这些问题对普通员工来说，是比较遥远的。但是，普通员工要不要掌握企业哲学思想呢？答案是肯定的，这就需要企业管理者不断灌输企业哲学思想给员工，使他们逐渐理解企业的哲学思想。这个过程可能是漫长的。

3. 企业精神

企业精神是指企业职工在经营管理实践中逐步形成的精神风貌，是长期的发展观念、行为方式中沉淀下来的积极因素的凝练而形成的群体意识。企业精神不可能在短期形成，它是企业长期发展的产物。企业精神是对企业使命、企业宗旨、企业经营管理思想、企业价值观、企业信念、企业伦理、企业风气等的高度概括。企业精神可用文字表述，而且适宜用较短的词语表述，不适宜用较长的语句表述。现实中有些企业精神用语只有一个字，如"诚""禅""博"等。更多的企业精神用语是四个字的排列句，而且一般都是偶数句。

4. 企业价值观

价值观是人们判断是非的标准，每个人都有自己的价值标准。人们追求什么、放弃什么、该做什么、不该做什么、主动去做还是被动去做等问题，都是受其价值观的影响。价值观有正确与错误之分，指导人们"做正确的事"与"正确地做事"的价值标准就是正确的价值观，相反就是错误的价值观。价值观又包括以企业为主体的企业价值观和以员工个人为主体的个人价值观，企业管理者必须倡导正确的价值标准，统一企业价值观和员工个人价值观，才能使员工"做正确的事"与"正确地做事"，为企业创造更多的价值。每位员工也必须树立正确的价值标准，才能不迷失方向。一切有利于企业健康持续发展并且有利于社会进步、促进人们物质和精神文化生活水平提高的价值标准，就是正确的价值观。

5. 企业宗旨和企业使命

企业宗旨和企业使命从宏观上是企业存在的意义。企业存在的意义主要表现在三个方面：① 获取利润，促进企业自身发展；② 帮助员工实现人生价值；③ 生产合格的产品，提供合格的服务，满足顾客的需求和社会发展的需要。从微观的角度来说，企业是一个有灵魂的组织，是在进行商品生产、服务拓展以及一些其他经济活动时的基本原则和最初动机，这在企业处于低谷期的时候显得尤为重要，这就是企业宗旨和企业使命。企业宗旨和企业使命在企业低谷期能激发企业的局部，也就是每个企业的员工内在个人价值实现的一种反思和行动准则。

6. 企业愿景

企业愿景表达的是企业发展的愿望。企业作为社会的一个经济主体，承担着促进社会发展的重要角色。它必须同社会其他市场主体一起，进行合理分工，协同配合，各司其职，共同促进社会发展与进步。从这个角度出发，每一个企业必须从某一个方面，做出自己未来为社会发展所做的贡献，要在促进社会发展与进步活动中定位自己的愿景。

7. 企业信念

企业信念是企业哲学与企业价值观的具体体现，如"奋斗就有收获""企业发展的根本任务就是满足员工的物质文化生活的需要""坚持技术创新必然有成效"等等，都是企业信念。企业信念可以反映企业管理者的胸怀、认知水平和思想觉悟，这也是优秀的企业管理的反映。优秀的企业管理者，能够产生影响深远的企业信念，并在这种信念指导下，引领员工共同奋斗。

8. 企业伦理和企业道德

企业伦理与企业道德是社会伦理与社会道德在企业中的具体表现，它不是游离于社会伦理与社会道德之外的东西。我们之所以称其为企业伦理与企业道德，是因为我们的研究对象是企业，它不是一个特别的概念。而且，我们研究"企业伦理与企业道德"时，必须从社会的角度来研究，孤立地研究企业伦理与企业道德是没有任何意义的，也提不出提高企业伦理与企业道德好的措施。现实中，一些企业家感叹现在的员工道德素质低下，不讲人情伦理。导致这种现实状况的原因并不在于企业方面，而在于员工进入企业之前已经受到社会不良风气的影响。如果企业家想通过在企业对员工进行伦理道德素质教育来提高员工的道德素质，这是非常不切实际的想法。提高人们的

伦理道德水准，需要全社会的努力。当然，从教育学角度分析，企业应成为成年人教育的重要场所，而且要成为成年人"人性教育"（包含伦理道德教育）的重要场所。虽然在企业里进行伦理道德素质教育，无法从根本上提高员工的伦理道德素质，但是，这又是一件不得不做的事情。

二、企业精神文化的作用

企业文化精神的作用包括六个方面。

1. 凝聚功能

企业精神文化像一根纽带，把职工和企业的追求紧紧联系在一起，使每个职工产生归属感和荣誉感。它可以围绕企业发展目标，凝结成极大的群体合力，产生奋发进取的集体意识，焕发员工的能动精神，有效地推动企业生产经营发展。它可以得到企业上下员工的内在认同，从而在生产经营实践中形成新的共同价值观和行为准则，成为大家的自觉意识和自觉行为。企业精神文化可改善人与人之间的关系，加强员工的集体意识，对企业产生一种归属感，形成企业的内聚力、向心力。

2. 激励功能

企业精神文化是用以指导企业开展生产经营活动的各种行为规范、集体意识和价值观念，是以企业精神为核心的价值体系。企业精神是企业广大员工在长期的生产经营活动中逐步形成的，并经过企业家有意识地概括、总结、提炼而得到确立的思想成果和精神力量，它由企业的传统、经历、文化和企业领导人的管理哲学共同孕育，集中体现一个企业独特的、鲜明的经营思想和个性风格，反映着企业的信念和追求，是企业集体意识的集中体现。企业精神文化代表着企业和广大员工在合理的情况下个人利益和团体利益的共同追求，因而同样可以达到激发员工工作动机的激励功能。

3. 协调、沟通和辐射的功能

优秀的企业精神文化，不仅能够在企业内部各个方面协调关系，沟通情况，化解矛盾，增进感情，提高认同感，促进员工齐心协力办好企业，同时，可以辐射到企业以外（如对社区文明建设、家庭文明建设等）。各个企业都注重企业精神文化建设，还会在社会上、在合作伙伴间、在区域间协调和沟通好关系，营造良好的氛围，实现企业可持续健康发展，为社会文明进步做出贡献。

4. 导向功能

导向功能体现在企业精神文化核心层的理想信念上，这种信念可以使员工把现实的努力和长远的目标结合起来，成为一种方向，形成一种充满情感意志的、能够面对困难、克服困难的活力。通过企业精神文化建设，企业理想、信念被员工所接受，员工就会产生一种归属感，把自己视为企业的一员，信赖企业，把企业作为发挥个人潜能、实现个人抱负的地方，从而积极参与到企业的各项活动，完成企业分担给自己的任务，为创造良好的企业形象而努力。从这个意义上讲，企业精神文化也是生产力。

5. 催化功能

企业精神文化建设把提高员工的文化技术素质和文化生活，看成是员工搞好经营管理的基础，也是形成企业统一价值观念和企业精神的前提条件，使企业的发展目标变为员工的自觉行动，与企业共命运，为企业的发展尽力。特别是在企业走向市场且面临竞争激烈的形势面前，在高科技迅猛发展的时代，一个企业要生存、发展，就必须提高员工的整体素质，提高产品的科技含量，重视企业的品牌战略，推出自己的名牌产品，讲信誉、保质量。"诚信"是企业生命力所在，而这一切都要靠企业员工的素质来实现。

6. 约束功能

企业精神文化对职工行为具有无形的约束力，经过潜移默化形成一种群体道德规范和行为准则，实现外部约束和自我约束的统一。企业精神文化主要构成企业的非正式约束，其约束功能主要是从价值观念、道德规范上对员工进行软的约束。它通过将企业共同价值观、道德观向员工个人价值观、道德观的内化，使员工在观念上确立一种内在的自我约束的行为标准。一旦员工的某项行为违背了企业的信念，其本人心理上会感到内疚，并受到共同意识的压力和公共舆论的谴责，促使其自动纠正错误行为。因此，优秀的企业精神文化可以降低企业运行失误的机率，达到最佳的约束功能。

第二节　企业精神文化建设

企业文化建设的根本目的是将企业职工的行为统一到企业所承担的使命与所追求的愿景与目标上，也就是要形成凝聚力，从而统一企业职工的思想与行动，这个过程实际上就是企业精神文化建设的过程。下面从企业精神文化建设的意义和如何进行企业精神文化建设两个方面进行说明。

一、企业精神文化建设的意义

企业精神文化建设，是新世纪企业生存和发展的内在需要。建设企业文化，充分发挥人的作用，是当今世界企业发展的一种趋势，是经营企业的新思想、新观念。调动和科学组织广大职工的积极性、智慧和创造力，是现代化管理的高层次选择。建设企业精神文化，能够增强企业的凝聚力和企业在市场上的竞争力，是企业生存和发展的根本战略。建设企业精神文化，能够增强企业活力，保证市场经济健康发展，促进经济上新的台阶。树立企业文化的战略意识，增强企业文化的战略观念，强调企业文化的战略决策，进行企业文化的战略实施，是当前转换经营机制和进行科学管理以赢得市场经济竞争优势的迫切需要和必然趋势。建设企业精神文化，培育企业价值观，把企业全体员工拧成一股绳，为实现企业目标而奋斗。

企业文化建设对企业凝聚力、吸引力、战斗力、公信力等的形成和提高具有重要意义。其中，凝聚力是一个企业的核心力，如将员工比作一根线，那企业就是由线拧成的一股绳，绳的结实程度就是凝聚力。优秀的企业文化就是一双编绳的巧手；吸引力是一个企业的向心力，让员工贴得更近，让外界人员靠得更近，这就是企业文化的魅力；战斗力是指优秀的企业文化能让员工思想统一，而思想统一才能步调一致，步调一致的团队；公信力是企业文化健康的重要标志，不但是企业员工的精神支柱，也能提高企业的公众信誉，给企业带来难以估计的社会效益。

二、如何进行企业精神文化建设

企业精神文化建设就是将企业职工的行为统一到企业所承担的使命与所追求的愿景与目标上，也就是要形成凝聚力，从而统一企业职工的思想与行动的过程。具体实施上应该从以下方面进行。

1. 深化以人为本的企业价值观

从管理的本质上讲，企业精神文化是企业管理的灵魂。现代企业的主体是人而不是物。正如人创造着社会，企业人员也创造着企业。离开了人，离开了人的努力奋斗，企业既不可能生存，也不可能发展。企业中人的素质、人的热情、人的积极性和献身精神是企业的宝贵财富和资源。因此，现代企业管理的核心是人，而企业管理的本质也就是围绕对人的管理这一核心而产生的深层意义，通过企业成员的发展而促使企业发展。企业精神文化建设也正是通过深化以人为本的企业价值观使企业产生核心的竞争力，促进企业的发展。运用思想政治工作等方法深化以人为本的企业价值观进行企业精神文化建设完全可以提升企业精神文化建设的效果。

以人为本的核心是尊重人、关心人、理解人、爱护人。要使以人为本的企业价值观在企业管理中深入人心，使得企业员工深切感受到自己是企业的主体和主人翁地位，主要可以通过以下四个方面努力。

（1）尊重员工的人格，培养员工对企业的亲和力。根据马斯洛的需求层次理论和赫兹伯格的双因素理论，人的需求由低到高分为五个层次：生理、安全、社交、自尊和自我实现。生理、安全、社交方面的需求属于保健因素，自尊和自我实现的需求属于激励因素。任何人都有被尊重的需要。员工的人格一旦受到尊重，往往会产生比金钱激励大得多的激励效果。日本松下公司的总裁松下幸之助先生的管理理念值得借鉴：他自认为能力不足，经常向部属求助，请求他们提供智慧。他经常对员工说："我做不到，但我知道你们能做到。"因而他要求管理者必须经常做"端菜"的工作，当然并不是要管理者真正地去为员工端菜，而是要尊重员工，对员工心存感激之情，这样使员工觉得公司重视他、尊重他，满足他人格受尊重的需要，激发员工内心深处对企业的亲和力，从而更加努力工作来回报公司。

（2）尊重员工的意见，增强员工对企业的向心力。现代心理学研究表明，员工的参与程度越深，其积极性越高。尊重员工的意见，就是要员工自己做出承诺并努力实现他自己的承诺。在我们的企业管理中，让员工自己做出承诺并兑现承诺的机会太少，这种管理现状的直接后果是：员工对组织提出的目标没有亲和力、向心力，往往管理者满怀雄心壮志，而员工却置若罔闻。韩国精密机械株式会社实行一种独特的"一日厂长制"管理，即让员工轮流当厂长管理厂务，一日厂长和真正的厂长一样，拥有处理厂务的权利，若一日厂长对工厂管理、生产、工人工作等方面有意见时，记录在工作日记上，让相关部门员工收阅，部门主管必须依照批评意见纠正自己的工作。这一制度实行后，大部分员工都干过"厂长"，工厂的向心力因此大为加强，管理成效相当显著，实施当年即为工厂节约成本300多万美元。从以上事例可以看出，尊重员工的意见，就是让员工自己管理自己，自己做企业的主人，从而提高员工的参与程度，达到利用团队精神提高组织营运效率的目的。

（3）尊重员工个人的职业发展需要，提高员工对企业目标的认同力。事实上，任何员工的工作行为不只是为了追求金钱，同时还在追求个人的成长与发展，以满足自我实现的需要。特别是一些高素质员工更加注重这种需要的实现。作为企业的员工，绝大部分都有自己的职业生涯规划，在自己的职业生涯中有

意识地确立目标并努力追求目标的实现。作为企业的管理者，则应该了解员工的职业生涯规划，并通过相应的人力资源政策，为员工提供职业发展援助，引导员工准确地自我定位，帮助员工克服职业目标实现中的困难和挫折，使员工个人职业目标与企业整体目标相协同，这就是现代人力资源管理中的职业管理。企业管理者只有掌握了员工（特别是一些高素质的骨干员工）职业生涯规划，了解他们在实现过程中的困难以及职业发展各阶段的矛盾，才能制定相应政策和措施，为员工创造发展条件。否则，员工个人的职业发展一旦受阻，企业又不能及时了解、提供帮助，就可能导致企业人才的流失。

（4）企业领导必须关心员工疾苦，做"以人为本"的表率。现代企业的一切活动是以人为中心的，而职工又是企业生产经营活动的主体。作为现代企业的领导人，其行为如何，直接影响着职工的思想情绪和工作热情。因此，企业领导的管理思想必须从"以生产经营为中心"向"以人为中心"即以人为本转变。企业既要重视研究生产经营，又要研究企业中的"人"，从中了解职工的思想情绪和困难疾苦，研究帮助职工排忧解难的办法和措施，研究挖掘调动职工积极性和创造性的途径，把人的工作做细、做深、做透，就必然能够把职工中无穷的积极性和创造性发挥出来。

2. 遵从市场为导向的经营理念

相对于过去以企业为中心的旧观念而言，市场导向是企业以市场需求为中心来安排生产经营活动的营销新观念。市场导向的核心是事事处处以得到顾客的满意为目标，从而扩大销售，获取最大利润。

市场导向的企业既重视顾客的需求，也重视竞争者，力求在顾客需求与竞争者之间求得一种平衡的营销观念。

坚持市场导向，是指企业的技术创新，必须始终从市场需求出发，把准消费者的脉搏，把立足点和归宿点放在产品"卖出去"上。美国全国工业会议曾对新产品开发失败原因进行分析，发现除技术因素（成本过大或质量问题）外，更主要是研究开发与市场脱节或由市场营销原因造成，共占63%，而其中一半是市场分析不当所致。

但是，一个优秀的企业，仅仅坚持单纯的市场导向还不够，还必须善于导向市场。所谓"导向市场"，就是要善于在市场导向下成功地将商品推向消费者后，通过科学营销，使消费者认识新的产品，进而接受和喜爱新的产品，由此引导市场。

坚持市场导向与导向市场的结合，是面向新的经济时代的企业拓展市场的重要法宝。

3. 坚持居安思危，善于竞争，勇敢拼搏的企业精神

面对激烈的市场竞争，企业犹如逆水行舟，不进则退。居安思危，充分考虑市场的风险和机遇，客观评价自己的优势，不盲目乐观，客观审视自己的劣势，不妄自菲薄。处变不惊，冷静面对经营管理遇到的暂时困难，要坚定信心，永不气馁，既有克服困难的决心和勇气，又有解决问题的措施和方法。只有坚持居安思危、善于竞争、勇敢拼搏的企业精神，才能让企业在日益激烈的市场竞争中立于不败之地。

第三节 现代企业精神文化评价体系

现代企业是否具有良好的企业精神文化体系，不能一概论之。当前行业众多，而且各行业对于企业文化的认识各不相同，构建企业文化评价体系应以突出本企业的文化特点为前提。在此基础上，各个企业构建企业精神文化的评价体系一般应突出以下几点。

1. 保障企业精神具体化过程的实现

在企业文化中，企业精神是核心，但企业精神是对企业文化最一般的概括，具有一定的概括性、抽象性。在实践中，我们不能把企业精神仅仅停留于口号和理论层面上，而要使企业精神通过一些具体的形式和方法，例如工会的岗位技能大赛、演讲等活动，有意识地把企业精神贯穿进去，加以贯彻执行，使其具体化到每一个部门，成为每一名员工的内心信仰。而企业文化考核评价体系，就是通过建立全面、细致的考核评价体系保证企业价值目标贯彻落实到生产的每一个环节以及每一名员工的内心深处。其中一个重要前提基础，就是要建立一套相应以企业精神为核心和基础的各部门的具体的价值观。建立这样一套完整的具体价值评价体系，一方面可以统一企业员工的思想；另一方面使每一部门都能够有一个明确的、符合部门特点的价值观指导，便于执行和贯彻。同时，也便于监督和考评。

2. 权利与义务相统一

企业文化不仅包括制度文化等一些"硬性"的内容，还包括企业道德文化等一些"软性"的内容。与此相对应，企业文化的评价体系也应由看得见、摸得着的具体制度和带有"人性化"的内容组成。从具体制度的角度来看，企业文化不仅包括员工所遵循的、带有义务强制性质的制度规范即义务，还

包括保护员工合法权益及完成企业文化短期目标要求的带有奖励性质的规定。从规定的数量、程度上看，体现权利的条款与体现义务的条款相对一致。有权利就要有相应的义务加以限制。而在实际操作中，企业在文化建设中往往更多的是从义务的角度着重考虑，往往以条文的形式规定员工"不得或禁止作出一定行为"，这一方面无法体现权利和义务相一致，得不到员工的一致认可和接受；另一方面对企业高层管理人员的义务性规定比企业员工的义务性规定要少，权利与义务不统一，甚至在一些企业中对于企业高层领导还存在某种特殊权利，这对于以企业领导干部为核心和重点的企业文化建设，容易使企业文化建设流于形式。

3. 员工的忠诚度

员工的忠诚度是建立企业文化及评价体系最重要的一点。不管是企业文化还是评价体系的目的，最终都是以员工的忠诚度作为衡量的标准。企业文化评价体系对于员工忠诚度的评价，从时间段划分，不仅要对员工8小时工作时的忠诚度来考核评价，还要对员工8小时之外对企业的忠诚度进行评价。由于在工作时间员工受规章制度的约束，对企业忠诚度有一定的被动性，因此难以判断；而在8小时工作之外，员工可以相对自由支配自己的行为，这时员工对企业的忠诚度有多高，就可以从其言行是否注意维护企业形象来加以判断。从内容上看，不仅考核员工对企业各项规章制度的遵守情况，还要考核员工下班后的言行（如不发牢骚和怪话），是否能够维护企业形象。从思想和行为上看，不仅要考核评价企业员工的实际行为表现，还要考核评价企业员工的思想是自觉遵守还是阳奉阴违。

4. 设立完整的目标审核体系

从企业文化的形成过程来看，不同时期不同阶段的目标是不同的，而且就阶段目标而言，它也是由许多部门的具体目标组成的。因此，为了实现企业文化阶段目标，对于不同部门的具体目标就需要进行全过程目标审核，以保证不同阶段企业文化目标不发生偏差。例如，企业在对部门目标分解的同时，建立相应的审核验收办法，主要就目标、目的、标准、效果等进行审核。

5. 培　训

企业文化的内涵并不是一成不变的，是随着企业的不断发展而不断变化的，如何使企业文化得以不断传承和发展，这就需要建立相应的培训机制。通过培训，一方面企业内部员工对企业文化的认识和理解不断深入；另一方面新加入企业的员工在思想上统一认识，增强了对本企业文化的认同。在培训方面，要注意把好"效果"关，虽然在企业实践领导中非常重视培训，但对培训效果缺乏相应的考核，致使员工培训时一个样，回到工作岗位时又是另一个样，因此在建立企业文化评价体系时应该加强培训效果的监督和评价，从而使企业文化评价体系更加全面和系统。

只有在建立企业文化评价体系中把握住这几点，建立以价值观评价体系、规章制度评价体系、效果评价体系为核心内容的完整体系，才能保证企业文化建设得以顺利进行和实施。

第四节 企业精神文化中的职业道德

职业道德是指从事一定职业劳动的人们，在特定的工作和劳动中以其内心信念和特殊社会手段来维系的，以善恶进行评价的心理意识、行为准则和行为规范的总和。其特定性使得各行各业，甚至每一个企业都有自己的职业道德规范。职业道德是企业精神文化的重要组成部分，良好的职业道德是企业生存的根本。做事先做人，行品如人品，小胜靠治，大胜靠德，说的就是各行各业都要遵守一定的道德规范，也就是人们通常说的职业道德。良好的职业道德不仅是个人和行业的"脸面"，也是其赖以生存和发展的基本素质。东航的"罢飞"事件、"范跑跑"事件、食品安全事件等都折射出职业道德问题。为此，很多企业确定了"有德有才重点使用，有德无才培养使用，无德有才弃之不用"的用人理念。综上可知职业道德在企业精神文化中的重要性，为此有必要通过构建完善的现代企业员工职业道德体系，强化职业道德教育，从而进一步提高职工素质和企业竞争力。

一、现代企业员工职业道德体系

现代企业员工职业道德体系包括以下方面：

1. 职业生涯规划

职业生涯规划是现代人力资源管理中的重要概念。它主要是指一个人对其一生中所承担职务的相继历程的预期和计划，这个计划包括一个人的学习与成长目标，以及对一项职业的生产性贡献和成就期望。简单来说，就是你打算选择什么样的行业，选择什么样的组织，想达到什么样的成就，如何通

过你的学习与工作达到你的目标。虽然，职业生涯规划是人力资源管理中的概念，但是我们从中可以分析出，其实职业生涯规划是对自己的定位，对自己所要达到目标的预想和期望，最终要达到自我的实现，也包括理想人格的实现。正确的合乎社会发展的职业生涯规划，会对人的一生产生举足轻重的影响，也是人们走向成功的一把金钥匙。

2. 职业道德规范教育

职业道德规范教育主要是让员工明白在职业道德中有些什么样的要求和规范，在自己所从事的具体职业中有些什么样的具体道德要求，怎么做才是合乎职业道德要求的。根据社会主义初级阶段的具体情况，决定我们社会主义社会的职业道德的根本原则就是为人民服务。同时，在"为人民服务"这样的大原则下，提出了爱岗敬业、诚实守信、办事公道、服务群众、奉献社会等主要规范。这些原则和规范是所有的行业和职业都应该遵守的，但是由于具体的行业与职业的特点有所不同，所以在具体的道德要求上必然也不一样。那么，就可以根据具体行业和职业的特点提出适合自身行业的道德要求。例如，医生就要尽可能地给病人减少病痛；商人就要更多地强调诚实守信；服务人员就要更多地强调服务态度，保证服务质量等。

3. 职业义利观教育

义利问题是中国传统伦理中各家各派都争论不休的问题。比如儒家就提出重义轻利，要重视国家、民族的大义而放弃个人的小利。又如，墨家所提出的"贵义"，把义作为达到"利天下""利人"的手段。职业义利观主要是指在职业生活中处理各种利益的态度和观点。概括起来主要就是要处理好"大"利益和"小"利益的关系。所谓的"大"利益和"小"利益不是绝对的概念，而是相对的概念，比如个人利益相对于企业的利益来说就是"小"利益；而集体利益在整个国家利益中又属于"小"利益而不是"大"利益。那么，在处理"大"利益和"小"利益的关系上，就要把握这样一条原则：始终以"大"利益为重，也就是把整体性的利益放在第一位。

4. 职业善恶评价标准教育

职业善恶评价标准就是指在职业活动领域，对于每一样职业活动给予善恶的评价，让从业人员知道自己或者他人在职业上的作为能够得到的比较清晰的评价。一般意义上的善就是符合社会历史进步的阶级、集团和个人的道德行为、道德品质，而恶主要是指违背、阻碍社会历史进步的阶级、集团和个人的道德行为、道德品质。在职业生涯中的善与恶有更具体的含义，所谓的"善"就是有利于企业发展，有利于企业改革，有利于社会主义现代化建设和整个国家的经济发展的道德行为和道德品质，恶则反之。因此，在整个职业生活中要时时刻刻把这种善、恶的标准用于评价职业活动中的每一项活动。

二、企业职业道德建设的措施

1. 加强职业道德培训

现代企业中，一般来说都有专门的培训机构对员工进行专业的培训。从培训的内容上来看涉及专业技术、管理制度、企业文化、企业简介等等。但是，有些企业在培训内容上基本不涉及职业道德的问题，或许有涉及也不会太多。事实表明，员工职业道德水平的高低直接影响到企业的生存和发展。所以，加强员工的职业道德的培训是应该的也是很有必要的。至少要通过培训使企业的员工明白，在职业生活中什么是善，什么是恶。能够让职业道德的要求和规范深入人心，特别是对于自己所从事的行业的职业道德要求和规范。然而，职业道德培训也不能只存在于形式，局限于课堂和讲座，需要采用更多灵活多样的方式。

2. 强化职业道德规范的"内化"

道德规范与其他规范和制度的不同就在于是自律而不是他律。而这种道德的自律要实现，最关键的是要让道德主体从内心承认和认同这些道德原则和道德要求，也就是对这些道德原则和道德要求的"内化"。只有"内化"了才能实现道德上的自律。而在具体的企业中，就要让员工把职业道德上的要求和规范内化于心，从内心、从根本上承认和认同这些道德原则与道德规范，并用来规范自己的行为。

3. 推崇"慎独"的道德修养

"慎独"出自《礼记·中庸》："莫见乎隐，莫显乎微。故君子慎其独也。"说得简单点就是一个人，在没有其他人监督的情况下，也不做坏事。"慎独"的修养方法，在职业领域，就是要提高员工遵守职业道德的自觉性。一个具有高尚职业道德的人，不仅在同事、领导面前会按照职业道德的要求行事，而且即使是一个人独处，也不会违反职业道德的要求。

第五节 经典案例分析

综合以上对于企业精神文化的论述，下面我们将以海尔、IBM 和微软三家知名企业的发展概述、特点以及企业文化精神的发展对一些经典案例作出分析。

一、由弱变强的海尔精神

海尔集团创立于 1984 年，是一家濒临倒闭的小厂发展起来的。1984 年到 1991 年是用了七年的时间扎扎实实打好思想基础、设立改革管理机制，从一台台冰箱的创优、一家家用户优质服务中夺得国家第一块冰箱金牌，博得广大用户声声赞誉之后展翅高飞的。海尔主要是从三方面着手进行企业文化的建立和制度的改革。① 自身产品质量和品牌上："创世界名牌，树企业美誉"；② 任用人才上："赛马不相马"看个人的工作成效和业绩，不再是固定的职位认定，人才才能的最大化动态运用，及时发现工作中的差错和失误；③ 从国家和社会以及个人价值乃至国际的大局角度上：考虑"敬业报国追求卓越"，向外部发展，更加严格要求自身。一个优秀的企业文化精神可以让一个濒临倒闭的企业起死回生、由弱变强。

二、由三条行为准则发展起来的 IBM 精神

"电脑帝国"IBM 在创立之初并不像海尔那么临危受命，而是一步步从小企业成长起来的，逐渐成为计算机行业的巨头。这和当时 1956 年的三条行为准则是分不开的。三条行为准则大致也是三个方向：第一是必须尊重个人；第二是必须尽可能给予顾客最好的服务；第三则是追求优异的工作表现。我们可以想象这是有根本着手的管理方式，作为公司的经理人当然想把公司做大做强，但是这些事情得员工去做，一个人或一群人都是用自己的手去为客户服务，作为公司领导除了要身先士卒，还要善待自己的下属，才能使下属的意志和个人追求与自己的相一致，才能凝成一股力量，这其实是最基础的。之后才有你对于客户高品质的服务和产品，严格要求着自己的工作，这些造就了如今的 IBM 的霸主地位。

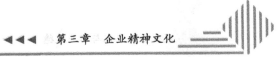

三、面向市场灵活创新形成的微软精神文化

微软的创始人就是大家所熟知的比尔·盖茨，在最初计算机还是新兴的尖端的高科技的时候，他就开始编写软件，并提出计算机普及的想法。微软的企业文化从一开始就是面向市场的，提出了很多大胆的构想。他本人就是不断地在进行技术探索，洞察市场机会；管理创造性人才和技术的团队文化；坚持始终如一的创新精神；关键性的一步就是创建学习型组织。不断地提高自我创新，打破过去定下的正常运行的固定模式，"知识经济"的观念也是他提出的，企业需要不断地学习、进步和发展，并非只是在一种层面上量的增加，而是不断寻找质的突破才能不被其他企业的产品所取代，新出现的产品很快就成为行业的新标准，具有很强的竞争力，从而使得微软能够走到今天。

以上三个例子非常特殊且经典，海尔是国内依靠着企业文化精神力挽狂澜扭亏为盈的成功范例，属于比较保守的发展运营模式，稳扎稳打，值得我们学习。而后面两个经典案例则是 IBM 和微软，前者的企业文化精神的形成类似于美利坚合众国的建立，先要有一种社会契约制约对方按规矩行事，之后出现宪法再衍生出各种民法，就像是先确定好一个圆心，前提是保证这个圆心不出错，然后在这个圆心上画越来越大的同心圆，越做越大，需要注意的是最初的方向不能错；而后者则是很灵活变动的，唯一不变的是他们需要不断地创新，自身要有很好的高技术水平和管理协调能力，率先提出企业也是不断学习研究的，而不仅仅是升级换代那么简单。由此可见，企业精神文化如同人的灵魂一样指引我们更好的发展。

第四章　企业行为文化

　　企业行为文化是指企业员工在生产科研、经营管理、学习娱乐中产生的活动文化。它包括企业经营、教育宣传、人际关系活动、文娱体育活动中产生的各种文化现象。它是企业经营作风、精神面貌、人际关系的动态体现，也是企业精神、企业价值观的有效折射。企业行为文化是一种不同于其他文化的特殊文化，以动态的形式作为文化成果而存在。

　　首先，企业的行为文化是对企业的制度文化的完善，而行为文化往往又是以制度文化为保证的。在企业的生产经营活动中，企业家根据本企业生产实践特点和其他企业的经验对企业的制度文化进行修订、补充和完善。企业的生产实践是企业制度文化形成的基础和最终目的，因而企业行为文化完善了企业制度文化。从一些成功企业的文化范例中，我们也可以看到企业行为文化都是由企业制度文化作为保证的。

　　其次，企业物质文化价值的创造，依赖于企业行为文化的科学发展程度。

　　企业物质文化是指由企业职工创造的产品和各种物质设施等构成的器物文化，是一种以物质形态为主要研究对象的表层企业文化。它包括两大方面：意识企业产品文化价值的创造；二是企业各种物质设施的优化，其中包括企业的容貌、劳动环境和生活娱乐设施等。企业行文的最终目的是创造高品质的物质产品，这一目的的实现在相当程度上依赖于企业行为文化的发展程度。

　　最后，企业精神文化是企业行为文化的凝结和提炼，企业行为文化对企业的精神文化具有补充和诠释作用。

　　企业精神文化是一种深层次的文化，它处于企业文化系统的核心，既是其他文化的结晶和升华，又是其他层次文化的支撑。企业精神文化是一股无形的力量，能对企业员工的精神面貌产生持久的作用，并通过制度文化的渠道造就对行为文化的影响，以此来促进企业制度文化的发展。然而，企业的精神文化是在企业的生产经营活动中产生的，是企业行为文化的结晶。

　　总之，企业行为文化是企业文化的重要层次，作为一种动态的文化成果，它是企业文化的其他几个层次的修订、完善、补充和诠释。

第一节 企业行为文化的内涵及特证

一、企业行为文化的内涵

　　企业行为文化作为企业文化最丰富、最集中、最重要内容的行为规范，在企业的发展中起着越来越重要的作用。它可以使企业内部的沟通和协调更容易实现，可以增强企业内部的凝聚力，可以提高整个企业的工作效率及工作质量。企业的发展壮大与成功都离不开一套系统、科学、严密、规范的行为规范体系，其重要性已被越来越多的企业所认识。一个健全完善、符合时宜的规范体系，能够规范员工行为，使各项工作有章可循，提高管理效率与水平，形成一种积极、良好的企业文化。正确的规范体系建设，可以大大提高企业的管理效率、决策与实施的速度，从而提高企业的竞争能力与生存能力。

　　行为规范体系的建设过程就是引导和塑造员工态度与行为习惯的过程。"观念改变则行为改变，行为改变则习惯改变，习惯改变则业绩改变，业绩改变命运改变。"行为规范体系建设对于企业文化建设、企业长远发展都具有重要的作用和影响。态度决定一切，企业行为文化规范发挥引导行为的机制作用，企业员工的态度和行为都将受到这个文化的影响。企业行为文化规范是一个功能强大的磁场，具有强大的磁化作用和同化作用。有了这个文化，就有了一种被共同认定的价值观，员工的态度和行为就很容易受到这个文化的影响。如果一个新员工刚到一个企业，马上就能感觉到这个企业的行为文化，那么这个企业就存在着这样一种机制，让员工的态度和行为受到该企业的规范与制约。

　　企业行为文化在组织成员行为上表现出来的是一种身份。每一个组织成员都可以享受这种身份，感受到这种氛围。海尔、联想、远大等知名公司的员工，往往给我们一种很骄傲、很自豪的感觉，因为这些企业的行为文化给了他们一种身份。在卓越的企业行为文化熏陶下的组织人员，会把企业形象重于个人面子，尽可能约束自己的行为，避免因个人失态而玷污企业形象、损害企业荣誉。员工的一举一动、一言一行都体现着企业的整体素质，企业内部如果没有良好的员工行为，就不可能有良好的企业形象。如果员工行为不端、纪律散漫、态度不好，将给企业形象带来严重的损害。将企业的理念、价值观贯彻于企业的日常运作、员工行为中，最重要的就是确立和实施这些规范。企业在塑造自己的行为文化时，必须建立企业行为规范、企业人际关

系规范和企业公共关系规范。从企业运作的过程看，企业行为文化包括企业与企业之间、企业与顾客之间、企业与政府之间、企业与社区之间的行为表现，而这些行为表现都会体现出企业独有的文化特质，都会体现在全体员工想问题、做事情的行为习惯当中。

二、企业行为文化的特点

企业行为文化具有三个方面的特点：

1. 企业行为文化将企业人格化

一般来说，行为是人作用于对象物的行动表现。人向对象物所实施的行动是由其思想和意识所决定的。企业是一个组织，就组织而言，它本身是一个抽象的概念，是一个没有思想和意识的概念化产物。但是，组织是具有思维和意识能力的人的利益群体组合，具有相同利益群体的统一意识决定了群体的统一行为，这一群体的统一行为就代表了群体组织的行为。因此，我们在探讨企业行为文化的过程中，首先要将企业人格化，赋予企业具有人的行为能力的特性。根据企业人格化的这一特点，可以将企业行为文化中所研究的行为划分为企业行为与职工行为两种。企业行为包括经营行为和非经营行为，都体现了企业的意志、文化品位和价值取向。职工行为反映的是职工个体对待组织内部关系及事物的行为。

2. 企业行为文化是由思想和意识所决定的

存在决定意识，思想决定行动。无论哪个组织和个人，他的行动都是受组织的意志和个人的思想所支配的，所以，思想意识是行动的前提，行动是思想意识的反映与表现。简单地说，思想意识是人们对客观世界的看法以及对客观规律和事物的认同。因此可以说，企业行为文化研究的是企业所期待的企业本身与职工要达到高度统一的行为需要用什么样的企业意志做引导和限制。

3. 企业行为文化与企业物质文化、企业精神文化和企业制度文化是紧密联系的

企业行为文化与企业物质文化、企业精神文化和企业制度文化四者是一个不可分割的有机体，是一个事物的不同侧面，它们之间形成了紧密联系、相辅相成的关系。企业物质文化是企业行为文化的基础，只有当企业具有了固化的物质形态即生产资料时，才能形成产品生产的物化劳动过程，这时，

反映企业与职工对劳动对象的活劳动行为才能得以展示。企业行为文化对企业物质文化又有着正反两个方面的促进作用。企业精神文化是企业行为文化的灵魂，它对企业行为文化具有绝对的支配作用，它既引导又决定着企业与职工的行动方向和具体行为的表现形式。进而，透过企业行为文化又可窥视企业精神与价值观。企业制度文化是企业行为文化的保证，企业制度文化以其具有的刚性和强制性的特点，规范着企业组织与职工个人的行为，促使企业与职工为实现企业的利益目标保持行动上的一致。但是，规章制度也有涵盖不到的地方或失效的时候，企业行为文化可以弥补企业规章制度的不足，它通过管理者与职工养成的良好的自觉意识和行为来保证企业行动的统一性、职工行为的适用性与合理性。

三、影响企业行为文化的相关因素

行为是由思想和意识决定的，而思想和意识属于文化的范畴，因此，反映企业行为文明和进步的企业行为文化，必然要受到文化观念和文化习俗的影响与熏陶。一个企业如果有好的文化观念和文化习俗就决定着企业具有正确的行为文化，反之，就会导致企业行为文化走向反面。影响企业行为文化的相关因素很多，概括起来，主要有以下几个方面：

1. 企业经营理念

企业价值观通常表现为经营理念，经营理念反映企业经营的基本指导思想和企业行为的基本取向。企业经营理念也是企业的经营哲学，是企业在经营管理过程中提升的世界观和方法论，是企业在处理人与人、人与物关系上形成的意识形态和文化现象。由于企业经营理念是企业认知内外环境的方法和对内外环境所持有的态度以及企业的价值观，因此，它从企业的利益观念出发，通过企业利益目标的驱动来决定企业包括经营行为和非经营行为在内的各种行为表现，以及企业行为文化建设的方向。所以，它对企业行为文化具有最直接和最根本的导向作用，并且决定着企业行为所产生的最终利益结果。

2. 企业精神

企业精神是现代意识与企业个性相结合的一种群体意识，体现企业的奋斗目标、自身追求和进取意识，是一种积极的意识和信念。企业精神作为集彰显企业现代文明、企业个性化独特的社会服务功能和企业所追求的卓越目

标于一身的组织群体意识，它昭示着企业内部全体成员的共同利益与责任。从企业使命的角度看待企业的利益与责任，其一，企业作为一种经济组织必须把在满足消费者需求前提下获得最大限度的经济效益作为企业的基本使命之一，离开了经济利益，企业便失去了存在的价值和发展的动力；其二，企业作为一种社会组织，必须承担一定的社会责任，如果企业为了自身利益而不顾社会与公众的利益，就会丧失生存的条件。因此，企业精神必须符合和服从企业的使命，并且企业精神必须反映和代表企业所有成员的利益与责任，每一个企业成员都要自觉地认可和实践。由于企业精神是企业全体成员的意识，所以它也指导和决定着企业及职工的行为。

3. 管理者行为

企业的管理者由于承担着企业责任而相应地掌握企业的权力，从而具有领导的权威性。所以，企业文化又被称作经营者文化。特别是像鞍山钢铁这样的大型联合企业，它所具有的分层次、多环节、授权管理的组织管理体系，形成了一个完整的管理者群体，这一管理者群体代表着鞍山钢铁的意志，具有绝对的领导权威，使其处于企业的支配地位。海尔的 CEO 张瑞敏及其领导集团所创造的海尔文化，开创了中国民族工业走向世界的先河，培育了海尔精神和海尔人。所以，领导者和管理群体所具有的企业意志就决定了企业的整体行为；领导者和管理群体成员中的个人行为就会影响到职工的行为。

4. 规章制度和职业道德规范

企业规章制度和职业道德规范是规范企业经营和职工的行为准则。它向企业内部所有成员传递着四种指示性信息，即应该干什么、不应该干什么、应该怎么干和干到什么程度。它在企业内部所处的地位如同国家的法律，具有强制性的特点，在规章制度和职业道德规范面前，企业职工必须绝对地无条件执行。企业规章制度是人们在长期劳动实践中总结出来的经验和智慧的结晶，对保证企业生产经营稳定运行和保护企业财产与职工生命安全具有重要的作用。它以刚性的表现形式和具体化的规定内容来约束和限制企业与职工的行为。尽管规章制度缺乏柔性的人本管理色彩，但是，它对企业及员工的行为具有极大的控制与限制作用，为职工消除不良行为和养成良好的行为习惯发挥不可替代的作用，保证企业及职工在被动服从下实现企业的目标和职工的既得利益。

5. 企业传统与约定俗成的风气

传统与约定俗成都属于文化的范畴。传统是人们在长期社会实践与交往中形成的一种非组织性、共同认同的好的社会和企业风气，并且具有传承性与惯性，它是人们普遍认同的习俗。传统是一种气质，是一种性格，是一种灵魂。中华民族的优良传统和美德生生不息地流传下来，培育了中国人的气质和性格，也培育了中国企业的优良传统和作风。约定俗成是人们在长期生产实践和社会生活中被共同认定而形成的习惯和行为。因此，企业传统和企业内部的约定俗成以一种潜规则和潜意识的形式，潜移默化地影响着企业与职工的思想与行为。这种在职工中普遍存在的潜意识会影响到企业的行为文化建设。

当前，在企业行为文化建设上，要突出以下方面：

（1）大力加强企业文化建设，使职工与企业形成利益和命运共同体。经济学讲，作为经济人都是自私的。按马斯洛需要层次理论，人具有生理、安全、感情和归属、地位和受人尊重、自我实现五个层次的需要。就人的自私性和需求而言，人所产生的动机与行为是受其利益驱动的，人如果没有对利益的期盼就不会产生动机与行动。因此，要抓住利益这一核心问题，大力加强企业文化建设。① 通过宣传和扩散具有代表性的企业文化标志，使职工与企业形成统一的利益与命运共同体。企业文化的核心是建立起企业与职工一致的价值取向，使职工与企业在统一的价值观指导下，为共同的利益目标而奋斗。我们要把企业的发展目标、未来愿景以及对社会的影响力归类形成一种规范的企业文化标志，使职工通过企业文化标志看到自己可以分享的既得利益和长远利益，进而主动将个人利益向企业利益靠近。② 指导职工进行个人职业生涯成长设计。各级管理者要根据不同的职工所具有的特长和潜质，帮助其对今后的职业成长确定渐进的发展目标，使职工通过对个人未来的职业生涯展望，在积极努力实现企业愿景目标的过程中体现出个人的价值，从而实现自身的理想愿望，把自己与企业紧密地联系合成一体，进而使全体职工深谙"我靠企业生存，企业靠我发展"这一理念的真正寓意。

（2）大力倡导正确的企业行为理念。近年来，很多企业在吸收、借鉴外部先进企业行为理念和总结自己经验的基础上，形成了很多具有价值和积极意义的行为理念，并且，已经开始在广大职工心中扎下根基。今后，一是要继续大力提倡与推广企业行为理念，使其成为指导每一个人的工作与行动的准则；二是要继续吸收、借鉴先进企业的行为理念，并注意总结和提炼自己的行为理念，不断丰富对企业发展具有保证意义的企业行为意识，形成完整

的、适用于不同对象和不同工作的行为意识体系，使全体职工的所有工作都能受到相应的行为意识的支配；三是要强化职工的行为意识，探索评价职工行为符合性的标准，通过严格的考核与评价，促使职工将行为意识转化为具体的实际行动，立足岗位，努力塑造产品形象、环境形象、员工形象、设备形象、标识形象、岗位形象和机关形象。

（3）培养高素质的职工队伍。在企业行为文化建设上，不能有一蹴而就的思想，既要着眼现实，又要有长远打算，更要循序渐进。为了使企业行为文化建设附于一种有效的形式，要把培养和打造一支高素质的职工队伍作为企业的一项长期活动，并以此作为建设企业行为文化的载体，通过这一载体，逐步丰富企业行为文化的内涵。首先，打基础。要以提倡职业道德为企业行为文化的基础，使广大职工具备起码的文明标准和道德标准。其次，抓巩固。要通过企业的引导、舆论的监督、经济的处罚等手段促使职工养成良好的个人行为习惯。最后，抓提高。要在职工具有了起码的行为意识和能够自觉养成良好的个人行为习惯的基础上，培养高素质的职工队伍。

（4）培育典型，以模范人物的影响力带动出企业的共生英雄榜样的力量是无穷的。模范人物的行为对职工的行为具有影响作用，因此，要做好培养与树立典型工作，既要培养个体典型，也要树立群体典型，通过以点带面和典型群体的不断扩大，在企业中形成人人学习、崇尚、效仿模范人物和模范群体的风尚和约定俗成的风气，使广大职工在向模范人物和群体学习的过程中，通过千百次的学习与模仿，养成良好的行为，进而使每一名职工都成为企业同生存、求发展的企业共生英雄。

（5）进一步加大规章制度的执行力。人的不良行为的消除和良好行为的养成在很大程度上需要强制性的规章制度来约束和限制，新加坡美好的环境和良好的国民素养，也是通过严厉的规章制度和刑罚规范出来的。韩国的浦项公司、我国台湾地区的中钢公司，都是借鉴军队的管理，培育了独具特色的军企文化和刚性的强有力的执行力，从而迅速成为世界 500 强企业。因此，在企业行为文化建设中，要以规章制度为基础，进一步加大规章制度的执行力。一是要抓好各级领导干部和管理人员与专业技术人员规章制度的执行力，要通过问责制的有力实施和严格规章制度考核，进一步端正他们的行为，通过各级领导干部和管理与专业技术人员的良好行为带动广大职工的行为。二是要以规章制度的强制手段来规范职工的行为，通过反复的培养、训练和严格的监督与考核，促使职工在生产实践中保持正确的工作行为，并通过加大规章制度的执行力，使职工在端正和养成正确行为上从被动服从走向主动自觉，从而形成良好习惯。

第二节 企业人的行为与企业人际关系

企业人的行为指企业人的岗位工作表现和作风、非正式企业活动和业余活动等。根据不同企业人体现出的明显类别差异和个体差异，企业人一般分为三类，包括企业的领导者和领导者群体、企业模范人物和企业员工群体等。

一、企业人的行为

1. 企业领导者和领导者群体

企业领导人在工作过程中总会对职工产生一定的行为影响力。所谓"影响力"就是一个人在与他人交往过程中，影响和改变他人心理与行为的能力。企业领导人的行为影响力对一个企业的成败发挥直接作用。人们常说："企业文化就是老板文化。"这说明企业家对企业和企业文化的影响之大。企业家行为展现的是企业领导人的思维方式和行为方式，在企业发展的不同阶段对企业行为的影响是不同的。在企业发展初期，企业家的个人能量和影响力对于企业的发展起到决定作用，其他成员参与很少。企业家往往把自己的信仰和价值观移植到企业的经营决策活动中，对企业行为和员工行为具有强烈的示范效应，与企业命运息息相关。随着企业的发展壮大，企业的核心团队不断融入新的成员，企业家个人的作用逐步弱化，领导者群体的作用在逐渐增强，但是企业家特别是富有魅力的强势型企业家对企业行为的影响力在中国现实环境中还是非常大的，比如联想与柳传志、海尔与张瑞敏、华为与任正非。企业家的身体力行和实践倡导是企业行为的重要组成部分，对企业其他群体的行为产生重要的影响。因此，在行为文化的建设过程中，企业家应该成为先进文化的积极倡导者和模范实践者，起到率先垂范的作用。

要使企业领导人在工作中发挥最强有力的影响力，取得最佳工作效果，有必要研究企业领导人的行为影响力的构成及其提高的途径。企业领导人的行为影响力由强制性影响力和自然影响力两个部分组成。

强制性影响力也称权力影响力，它是由社会赋予个人的职务、地位、权力等构成的。企业领导人在所属的企业内已获得了权力和地位，能使职工或多或少地产生服从感和敬畏感。因此，作为外界的权力影响力，是相对稳定地发挥作用的，而真正能够体现企业领导人的领导水平和工作效果的是非权力影响力。

非权力影响力也称自然性影响力，由企业领导人自身的素质与行为所

决定。自然性影响力对被影响者所产生的心理和行为影响是建立在信服的基础上，通过潜移默化的自然过程，以改变受影响者的内驱力形式来作用的，使其行为更加主动、积极而成为一种深刻持久的影响。因此，探讨这种对职工能够产生更大激励作用的自然性影响力以及它的构成有着非常重要的意义。

企业的经营方式和决策行为主要来自企业家，企业家是企业经营的主角。企业家必须具有宏观性、预见性、创新性、联想性和坚韧性等品质。

（1）品格因素是企业领导人行为影响力的基础。

伟大崇高的人品蕴含着高山仰止的力量，人品能化解错误，也能达到治病救人的目的。企业领导人的人品具有极高的"回天力"。孔子说得好："其身正，不令而行；其身不正，虽令不从。"企业领导人的思想、行为、对待事物的态度等等，往往都是职工模仿、议论的对象，从而对职工产生深刻影响。好的品格能使群众产生敬爱感，并产生积极的影响，不良品格则会给群众带来消极甚至恶劣影响，吞噬群众的工作热情，销蚀一个团体的凝聚力、向心力和战斗力，破坏党风党纪，甚至会污染社会心理环境。

企业领导人的品格因素主要包括道德、品行、人格、作风、意志等。企业领导人应具有高尚的道德品质和崇高的精神境界，献身事业，无私奉献，清正廉明，高风亮节；应该对群众热情关怀，耐心教育，树立全心全意为人民服务的思想；应关心群众的学习、思想、身体、生活和工作，做到言行一致，表里如一，言而有信。不仅要求群众具备文明行为，更应为人楷模。企业领导人的作风应该是实事求是，正直公道，敢于坚持真理，也敢于修正错误。工作作风应该是踏踏实实，勤勤恳恳，任劳任怨，注重实效。应具有良好的意志品格，主要表现出四个特征：自觉性、果断性、坚持性（包括充沛的精力和坚韧的毅力）、自制性。

在实际工作和生活中，企业领导人的行为对群众起着不可忽视的作用。群众对领导的评价，首先有一个好与坏的基调。人格品行是为人立业之本，人品能体现每个人的精神风貌。特别是在市场经济的今天，人们的官本位思想日渐淡化和民主意识日趋增强，企业领导人的品格因素越显重要。

在创办企业和企业经营中必定会遇到各种意想不到的困难和挫折，因此，企业家要有不怕失败、不怕挫折和百折不挠的勇气，要有献身事业、不惧风险、敢冒风险的精神。干任何事业，要达到预期的目标，都需要用一往无前的精神去支配自己的行为，而企业家更需要这种精神，因为经营企业中最大的风险是向没有把握的新项目或新的开发领域进行投资。要投资就会有风险，在日趋激烈的市场竞争中，风险将来自各方面。例如竞争对手推出新的产品

或新的竞争策略，本企业无所觉察也毫无对策；本企业研制的新产品及为此而进行的技术引进或技术改造，由于对销路摸得不准或对同行业技术进步、生产能力发展预测不准而销路不畅等，均可能使企业陷入困境。

（2）才能因素是企业领导人行为影响力的关键。

一个企业领导人如有较强的组织管理才能，就能迅速组织好企业班子的骨干力量，对后进群众的处理独具匠心，体现出高超的教育艺术。

企业领导人要有较好的口头表达能力，要有较强的语言感染力。要鼓励群众振奋精神，积极向上，就需要有令人信服的雄辩之才。要有灵活的组织活动能力，能带领群众领略五彩缤纷的多维世界。要寓教育于活动之中，赢得群众的亲近和信赖。要有果断处理问题的能力，能在逆境中临危不乱，迅速扭转企业的困难局面。要有开拓、超前意识，有奋发图强、自强不息的精神，从而在群众中树立起威信。

在实际工作中，不管你是有意识还是无意识，企业领导人时常在显示着自己的才能，在群众中不断树起威信，影响着群众的发展变化。因此，企业领导人要注意不断汲取新的科学文化知识，注意锻炼自己的才能，使自己的形象更加丰满。实践出真知，我们往往不是学好了再去干，而是边干边学，在企业的大熔炉里锻炼培养自己的才能。

在企业决策行为中，创新性是十分重要的。企业家独立自主地经营企业，不仅要有独立的生产决策权——企业生产什么、怎样生产、为谁生产的基本决策权，而且要对生产要素进行新的组合。要开发新产品，采用新工艺，开辟新市场，获得新原料。建立新组织，所有这些都需要有创新的勇气。要创新，就要"多谋"和"善断"。所谓"多谋"，除了企业家自己开动脑筋外，还要集思广益，吸收广大员工的智慧。所谓"善断"，就是对这些谋略进行正确的筛选。要"断"得正确，还要"断"得及时。有些时候，虽属正确之判断和决策，但因延误了时机，也得不到应有的效果。所以及时的判断、正确的判断对企业家来说是特别重要的。"机不可失，时不再来"，所强调的就是要及时作出判断和决策，把握好时机。

（3）知识因素是企业领导人行为影响力的能源。

科学文化知识对于每个人来说都是重要的，对于一个企业领导人来说就更为重要。因为一个企业领导人要依靠自己的聪明才智去开辟一个更广阔的天地，在强手如林的企业竞争中站稳脚跟，胜人一筹，用自己的劳动为企业的发展注入活力，为职工造福，用自己的汗水去换来党群、干群的水乳交融。企业领导人无论对党的路线、方针、政策，还是法律、工业、农业、贸易、交通、文教卫生等知识都应通晓，做到多才多艺，一专多能。

企业领导人要与群众多接触，多与群众谈心、多走访家庭。如果知识渊博，与群众谈话的话题就多，共同语言就多，就更容易情理相通，融为一体；开展工作时消除群众的心理障碍，容易打成一片，进行家庭访问时就容易与群众说话投机。

企业领导人有了广博的知识，有助于树立科学的世界观、人生观、价值观，提高自己的道德品质修养；充分发挥品格因素的效应，有助于才能的施展和运用，充分提高才能因素的效率；有助于灵活运用教育艺术，搞好感情投资，使工作事半功倍。

（4）感情因素是企业领导人行为影响力的催化剂。

品格因素、才能因素、知识因素是互相影响、互相联系而又有机统一的。但是，各种因素在企业领导人行为影响力的作用又各不相同，其中感情因素起着催化作用。

在工作过程中，群众对企业领导人的种种表现、做法会产生不同的感情。群众对不了解他们的人，不关心他们的人，不同情他们的人，决不轻易地向他们说出真心话和表露真情。在这种情况下，企业领导人的种种工作、种种教育活动就很难达到预期的效果。因此，企业领导人必须平易近人，放下架子，俯下身子，体验和回味群众的甘苦，这样才能打开群众的心扉，真正沟通心灵，使我们的工作有的放矢，对症下药。可以这样说，要发挥好企业领导人的品格因素、才能因素、知识因素的效应，必须重视并运用好催化剂——感情因素。你对群众抛洒一片真情，倾注全部真诚，群众就会给予你信任的支持和拥护。

俗话说，"心里装满自己的人，眼睛看不见群众；脑子里充满成见的人，耳朵里听不进善言。"有了德，"才"就有了归宿；有了信，"威"就有了依托。"能服人则能得人，善知人则善使人。"这些名言无不说明只有以诚待人，虚怀若谷，才能一智胜百力，一德取百才。人若能令感情的烈马在理智的跑道中驰骋，那么这个世界在你的心灵中将是一种无限温馨的境界。如果你以刻薄的心态对待同志，你决不会得到别人的宽容。

企业的经营决策方式和决策行为主要来自企业家，企业家是企业经营的主角。中外许多成功企业告诉我们：好的企业家是企业成功的一半。成功的企业家在经营决策时总会当机立断地选择自己企业的战略目标，并一如既往地贯彻这个目标直至成功。但实现这一目标并非一件易事，它要求企业家在制定决策时必须体现宏观性、预见性、创新性、联想性和坚韧性的统一。

案例： 上海××宾馆厨房一位青工私自拿了食品原料，为严肃纪律，宾馆对其进行了违纪处理。但党委书记没有调查，其实这名工人平时表现很好，最近母亲患了癌症，他默默地利用业余时间照料母亲，丝毫没有影响工作，他因无暇在市场购买母亲想吃的排骨、猪蹄，就私自拿了宾馆的食品，用来孝敬病榻上的老母。这一真相，使党委书记意识到自己工作的疏忽，立即带了慰问品去医院看望了青工的母亲，然后再找这位青工谈话，并向他鞠躬，表示自己对职工关心不够，以致歉意。党委书记的这一行动，在宾馆引起很大反响，这位女厨师含泪说："人非草木，孰能无情？领导越是关心我们、尊重我们，把职工当主人，我们就要真正做好主人，搞好本职工作。"

2. 企业模范人物

企业模范人物是企业的中坚力量，他们来自于员工当中，比一般员工取得了更多的业绩，是企业价值观的"人格化"显现。员工对他们感觉很亲切，不遥远不陌生，他们的言行对员工有着很强的亲和力和感染力。"榜样的力量是无穷的"，他们是群体成员学习的榜样，他们的行为常常被群体成员作为仿效的行为规范。企业应该努力发掘各个岗位上的模范人物，大力弘扬和表彰他们的先进事迹，将他们的行为"规范化"，将他们的故事"理念化"，从而使企业所倡导的核心价值观和企业精神得以"形象化"，从而在企业内部培养起积极健康的文化氛围，用以激励全体员工的思想和行动，规范他们的行为方式和行为习惯，使员工能够顺利完成从"心的一致"到"行的一致"的转变。

关于企业模范人物的名称，在不同的企业中我们总是能听到不同的称呼，例如"劳动模范""工作标兵""先进工作者""杰出青年""三八红旗手"等等。

企业模范人物行为又可以分为企业模范个体行为和企业模范群体行为两类。企业模范个体行为标准是，卓越地体现企业价值观和企业精神的某个方面，和企业的理想追求相一致，在其卓越地体现企业精神等方面取得了比一般职工更多的成绩，具有先进性。他们的所作所为离一般人并不遥远，可以成为人们仿效的对象。企业模范人物行为总是在某一方面特别突出，而不是在所有方面都无可挑剔。所以，对企业模范人物不能求全责备，不能指望企业员工从某一个企业模范身上学到所有的东西。一个企业中所有的模范人物的集合体构成企业模范群体，卓越的模范群体必须是完整的企业精神的化身，是企业价值观的综合体现。企业模范群体行为，是企业模范个体典型模范行为的提升，具有全面性。因此，在各方面企业模范人物都应当成为企业所有员工的行为模范和学习榜样。

从企业模范人物行为的类型上划分，可将其分为领袖型、开拓型、民主型、实干型、智慧型、坚毅型、廉洁型。其中，领袖型企业模范具有极高的精神境界和理想追求，有比较完善的符合企业发展规律的价值观念体系，他常常从一个企业调到另一个企业担任领导，总能把企业办好，许多濒临绝境的企业被他们救活。开拓型企业模范永不满足于现状，勇于革新、锐意进取，开创新领域，他们具有创新意识，自身充满创新的活力和竞争的意识。民主型企业模范善于处理人际关系，善于发挥大家的聪明才智，集思广益，能把许多小股力量凝聚成为无坚不摧的巨大力量。实干型企业模范总是埋头苦干，默默无闻，数十年如一日，如老黄牛般贡献出自己的全部力量。智慧型企业模范知识渊博、思路开阔、崇尚巧干，常有锦囊妙计，好点子层出不穷。坚毅型企业模范越是遇到困难干劲越足，越是危险越能挺身而出，关键时刻挑大梁，百折不挠。廉洁型企业模范一身正气，两袖清风，办事公正，深得民心，为企业的文明风气作出表率。

3. 企业员工群体

企业员工是企业的主体，也是企业文化建设的主体。只有当企业所倡导的价值观、行为准则普遍为员工群体所认同和接受，并自觉遵守、实践时，才能形成企业文化。企业员工群体行为是指各类员工的岗位工作表现和作风、非正式企业活动和业余活动等。由于员工直接为企业生产产品、提供服务、创造效益，他们往往在一线与客户、供应商打交道时充当企业形象的直接代言人，在社会公众和顾客的认知世界里员工行为往往被视为企业整体行为，因此，员工群体行为直接决定着企业的整体精神风貌和文明程度。同时，企业价值观的实现也最终体现在价值观能否贯彻到这些员工的日常工作行为中，能否贯彻到他们的日常操作和服务行为活动中。仁达方略作为企业文化权威专家，为国内大型企业集团提供过集团管控、企业战略、人力资源、集团品牌建设、内控与风险管理、企业改制、兼并重组等管理咨询服务，融会贯通大量的实证研究以及咨询实践的基础上，仁达方略提出塑造员工群体行为有多种方式，比较有效的做法是进行价值观管理，通过价值观引导、行为规范的约束和行为的不断强化和修正，使员工自觉养成优秀的行为习惯，使

员工个人的工作目标同企业发展相融合，主动按照价值观的倡导去规范自己的行为。

有人把企业员工群体行为塑造简单理解为组织职工思想政治学习，企业规章制度学习，科学技术培训，开展文化、体育及读书活动。诚然，这些活动都是必要的、不可或缺的，但员工群体行为的塑造不仅仅局限于此，至少还应包括以下三方面的内容：

（1）激励全体员工的智力、向心力和勇往直前精神，为企业创新做出实际的贡献。

（2）激励员工把个人的工作同自己的人生目标联系起来。这是每个人工作主动性、创造性的源泉，它能够使企业的个体产生组合，即超越个人的局限。发挥集体的协同作用，进而产生"1+1＞2"的效果。它能唤起企业员工的广泛热情和团队精神，以达到企业的既定目标。当全体员工认同企业使命，每个员工体验到在共同的目标中有自己的一份时，他就会感到自己所从事的工作不是临时的、权宜的、单一的，而是与自己人生目标相联系的。当个人目标和企业目标之间存在协同关系时，个人实现目标的能力就会因为有了企业而扩大。把这种组合转变成员工的个体行为，就会有利于员工形成事业心和责任感，建立起对企业的信念。

（3）让每个员工认识到企业文化不仅是企业共同的精神财富，也是自身宝贵的资源，从而激励他们以积极的人生态度去从事企业工作，以勤劳、敬业、守时、惜时等行为准则去指导自己的行为。

二、企业人际关系

正如社会中人们需要交往和沟通一样，企业群体中的人们也需要交往和沟通，它源于企业在生产经营过程中的工作与活动。马克思说过："企业人际关系也是生产关系的一种表现形式，在不同的生产组织、生产条件、社会意识和人文气氛下，它会呈现出不同的特征。"由此，企业人际关系就是企业中的人们围绕生产经营而进行的各种相互交往与联系，不断地做好交往和沟通工作。

1. 交往沟通的原则技巧

（1）第一是沟通。

一切交往都是从沟通开始的。沟通是信息的桥梁，是用语言、身体力行、

大家共同努力的结果，它不是说教的产物，只要掌握正确的方法进行有效的沟通和交流，生产经营中的矛盾和纠纷就能及时地化解，问题就能妥善地解决。

（2）第二是磋商。

磋商是交往和沟通的重要环节。磋商的核心内容是求同，求同是建立在相互认同基础上取得的交往和沟通成果。磋商不是指责、遣责，更不是强加于人，而是从生产经营过程中寻求各个方面的共同点和各自利益区。

（3）第三是妥协。

要不失原则地妥协。妥协的核心内容是存异，也是运用交往和沟通技巧的具体体现，适当的妥协和退让，才能最终达成共识。

（4）沟通、磋商和妥协三者关系。

缺乏沟通就难以交往，有效的沟通能减少矛盾，避免工作纠纷，要做好有效的交往沟通管理，沟通、磋商和妥协三个环节缺一不可，高水准的交往沟通交织在一起，是现代企业管理成功的关键。

2. 交往沟通的关系

企业的交往沟通关系可以分为两类，包括纵向关系和横向关系。

（1）纵向关系。

纵向关系是指企业中领导和部下、管理者和被管理者之间的人际关系，也称垂直关系。纵向关系是企业内部不同层次的关系。在该关系中，虽然关系双方的角色和地位不同，其交往行为也有主动与被动之分，但就地位来说，双方应是平等的，其中领导者在这种关系中占有主导作用。

上下级的关系是否融洽，取决于领导者的实际影响力。领导者的影响力有两种：权利影响和非权力影响。非权力影响是领导艺术中最微妙的因素，它似乎看不见、摸不着，却无所不在，它是融洽企业上下级之间相互关系的重要因素。

（2）横向关系。

横向关系是企业中同层次人员之间的人际关系，也称平行关系。横向关系的双方有相同的共同活动空间，有着相同的权利和义务，因而在地位上也是平等的，不存在主从关系。重视横向关系的建设有利于企业形成良好的群体氛围，使企业人存在于一个和睦融洽的人际关系当中。美国 IBM 公司前董事长老沃森就公开宣布："我们早就强调搞好人员关系，这倒并非出于利他主义，而是基于一种简单的信念，那就是我们尊重我们的职工，并帮助他们要

尊重他们自己，公司就将得到最大的利润。"因此，企业人际关系的"文化沟通"，实际上是企业中人与人之间的一种意识的交流、一种心灵的撞击，是一种容协调、配合、互补、和谐、统一等状态的双向平衡活动。

3. 文化沟通的方式

企业沟通的方式有情感沟通和需求沟通两种。

（1）情感沟通。

情感沟通，要求交流双方通过相互体验对方的处境来理解对方的心境，取得情感的融洽和相互的理解。

从现代管理的角度看，情感沟通就是"感情投资"，是建立企业的"人情场"，它是协调企业良好人际关系的最佳方式。具体地说，就是企业的领导者通过一系列能够引起被领导者感情共鸣的手段，包括物质、金钱、时间和精力上的付出，使领导者在心理上产生敬重、爱戴、拥护和信任的感情，心甘情愿地为企业的目标而奋斗。

可见，"感人心者，莫先乎情"，感情虽不是商品，但是一种重要的资源。这种资源的内在价值不是可以用金钱衡量的，但感情的投资必定会产生物质的效果，创造企业的财富。凝聚力是靠感情来维系的，用情感沟通的手段来培养和巩固企业的凝聚力，这是现代企业"文化制胜"的表现。

（2）需求沟通。

需求是有机体缺乏某种事物时产生的一种主观状态，人类有两种性质的要求：一种是沿着生物系统上升方向逐步变弱的本能需求，包括"物质"和"安全"两方面，这是人的基本生理需求；另一种是随着生物进化而逐步呈现的潜能需求，包括"社交""尊重"和"自我价值"三个方面，这是人的高层次的心理需求。

需求沟通，要求交流双方通过自身的行为使自己的需求得以满足，从而促进相互理解和相互支持。从某种意义上说，企业中领导者与被领导者的活动，实际上是双方所进行的一种需求沟通活动。企业领导者，是企业权力的代表者，他指挥被领导者，并使之服从自己，以达到预期管理的内在需求。而企业的被领导者，却又有一种双重的心理需求，既要依赖企业，表示自己想成为一名服从、合群的成员，又想成为"明星"，渴望领导发现自己。另外，当领导的意志与职工的思想相悖的时候，或者领导的做法是错误的时候，职工自然会产生"对抗"的心理。因此，协调企业中领导与被领导的关系，关键在于领导要明白职工的需求意向、尊重职工的这种实现自我价值的欲望，

通过自己的领导行为为满足职工多方面的需求提供并创造条件。而企业职工的需求，随着社会文明程度的提高而转入较高层次的尊重需求、信任需求、理解需求和个人价值实现需求。

案例：美国惠普公司十分重视企业中人与人之间信任感沟通，具体体现在"实验室库房开架政策"。实验室开架，工程师们不仅可以自由出入库房取用零部件，而且鼓励他们将零部件带回家供个人或家庭使用。其理由是，不论工程师拿这些零部件或设备做什么，不论是否与他们的工作有关，只要他们在这些零部件或设备上动动脑筋，总会产生一些创新想法或改革意识。这样，就会给企业的技术革新带来直接或间接的作用。该公司创始人比尔在实验室库房门口留下了他的字条："永远不要将此门锁上。谢谢，比尔。"

第三节 企业行为文化的构建

企业行为包括企业与企业之间、企业与顾客之间、企业与政府之间、企业与社区之间的行为。企业在塑造自己行为文化时，必须建立企业行为的规范、企业人际关系的规范和企业公共关系的规范，按照不同的文化主体划分，企业行为文化规范包括企业行为规范和员工行为规范。其中，企业行为规范包括企业战略定位、愿景目标，也包括企业使命、企业宗旨、核心价值观、企业发展原则、社会责任，还包括企业基本经营政策、组织政策、人力资源政策、管理控制政策、危机管理政策等（如大庆精神、铁人精神等）。员工行为规范，不仅包括职业道德规范、员工行为准则、员工权利与义务，还包括薪酬福利、培训与发展、沟通渠道建立、绩效考核等，如大庆油田几十年来形成的"三老四严""四个一样""岗位责任制"等。

案例：从丰田的节油小型车策略，日本的 125CC 摩托技术，索尼、松下等电子厂家的晶体管收音机、计算器、录音机、激光唱机、摄像机、计算器、电冰箱、洗衣机，一直到东芝公司的笔记本电脑，几乎欧美生产的每一种工业或家用大型产品，日本就立即能将其小型化，选准市场缺口，避开欧美大企业的锋芒，为人所不为，或为人所不齿为。

一、企业行为文化建设的意义

首先，企业行为文化建设是实现价值观管理的必经之路。企业行为文化不是制度，而是倡导。制度是硬性的，而企业行为文化规范会根据不同的行为主体、不同对象采取不同的手段。如企业制度不会写上司用什么样的态度与下属谈话，而行为文化规范就可以写出来。行为文化就是通过文字规范约束员工，慢慢变成员工的习惯，不符合企业核心价值观的行为会被文化无形的力量纠正，不认可这种规范的人会被企业排斥。当员工已经完全接受了企业的核心价值观时，员工的行为会超过制度的要求。所以，当员工的价值观与公司的核心价值观一致时，规章制度就退后了，制度约束的行为已经变成了员工的自觉行为，这就是以价值观为本的组织控制，是价值观的巨大力量。

其次，企业行为文化是企业文化的重要载体。没有行为文化，企业文化就无法实现。人作为企业的构成主体，其行为当然蕴含着丰富的企业文化信息，是企业文化的重要载体，是企业文化最真实的表现。一个企业的企业文化的优劣、企业文化建设工作的成败，通过观察员工的日常精神面貌、做人做事的态度、工作中乃至社交场合的行为表现，就可以作出大致准确的分析判断。理念说得再美好，制度定得再完善，都不如做的实在。

最后，企业行为文化建设是企业文化落地的关键环节。没有行为文化，理念和制度都是空谈。在企业文化构成的层次关系中，理念是企业文化的核心，是指导一切的思想源泉；制度是理念的延伸，是对行为产生直接的规范和约束力；物质文化是人能看到的、听到的、接触到的企业形象的表现形式，但是这三个层次都是通过行为文化来表现的。企业行为文化是企业核心价值观和企业制度共同作用的结果，如果行为文化与企业精神、价值观和制度不一致，理念就成了海市蜃楼，制度也将是一纸空文；物质文化是行为的表现，有什么样的行为文化就会有什么样的物质文化。

二、企业行为文化建设的原则

1. 普遍原则

创立企业文化的一般原则，是以企业的共性作为分析的前提，是各企业进行文化建设和文化改革时应遵循的共同原则。

（1）以马列主义、毛泽东思想、邓小平理论和"三个代表"重要思想为指导思想，坚持正确的政治方向。

（2）明确企业文化建设目标，突出个性特色。企业文化目标及其相应的

文化体系，应突出文化个性，个性是文化的力量所在。只有鲜明的、个性化的企业文化，才可能有最直接的社会文化识别。众多的企业文化面向社会，社会最先发现并承认的是具有鲜明个性的企业文化。没有个性的企业文化，只能淹没在浩瀚的企业文化海洋之中，无人知晓。

（3）强调企业文化的主体性，建设有中国特色社会主义的企业文化。我国创立企业文化，完善企业管理机制，是在参照外国模式的情况下进行的。一方面，对于外来理论和实践，我们需要结合自己文化的特点，坚持自己文化的主体性，不能简单地照搬。承袭民族文化传统，是坚持企业文化的主体性的重要内容。另一方面，企业是存在于客观现实环境中的。结合国情，了解企业的现实条件和基础，是创立企业文化的客观前提。这两方面的主客观要求，实际上就是要求中国的企业文化坚持自身的特色，有民族特色的才是有世界价值的。如果我们的企业文化失去民族性，只会在多样化的世界文化之间绕圈子。企业文化的主体性，是使我们的企业文化走向世界的根本保证。

（4）强调企业文化的群体性，增强企业员工参与的积极性。企业文化是群体文化，需要企业员工对企业目标、企业哲学、企业价值观、企业精神、企业宗旨、企业道德等进行整体认同。离开整体参与，企业文化将会蜕变为企业阶层文化、小团体文化。

（5）结合企业体制改革，同步进行企业文化改造和创立。我国的企业体制改革目前仍处于实施和深化阶段，还有许多工作要做，其中就包括结合企业体制改革同步进行文化改革。文化改造和创立涉及整个企业，文化工作需要企业其他方面的配合。因此，把企业体制改革和企业文化改造及创立结合起来，形成互动，相互协调发展，可以更有效、更迅速地发挥企业文化机制的功能。

（6）企业文化的创立应面向时代，面向未来，要有高起点。企业文化要有超前意识，要有时代感。企业文化要面向未来，未来企业之间的竞争将是企业文化的竞争。企业的成败直接受到企业员工的素质、企业文化的力量的影响。科学技术的发展使企业在"硬件"上日益接近，而在"软件"上存在差距，主要体现在未来企业的战略重点。改革开放的形势，使我国企业在面向全国的同时，也在面向世界。只有高起点、高品位的企业文化，才能支撑现代化的企业，才能在未来企业竞争中立于不败之地。

2. 具体原则

建设企业文化的具体原则，是企业从自身实际出发，坚持自己的个性特色，在未来的生产经营中，以鲜明的、个性化的企业文化谋求发展优势。

（1）确立企业价值观。

企业价值观是企业文化的核心，是创立企业文化的主轴。企业的价值观是以企业为主体的价值观念，是一种企业人格化的产物。它主要是指企业精神和企业哲学。企业的价值观是在企业的全体成员的个别价值观的基础上形成的，它是在对个别价值观进行同化、改造的基础上形成的新价值观。一旦企业的价值观形成，它必将要求企业员工将个人所信奉的价值观置于其下，而遵循共同价值观，以便在此基础上统一企业员工思想行为，形成企业的统一意志和力量。文化的力量不是来源于文化本身，而需要由拥有正确文化价值观的人加以实践。因此，企业的价值观需要我们将它用于指导企业的运行，规范企业行为，从各个不同的角度，对企业员工产生影响。一种价值观的确立，不是一蹴而就的，而是需要长期培育的。

（2）促进企业文化与企业经营战略统一。

生产经营是企业的根本任务。企业的其他工作包括企业文化建设都应服从和服务于这个根本宗旨。因此，在企业文化建设中，应努力协调、大力促进两者的一致性：以企业的根本目标和宗旨统率企业文化建设，以企业文化建设保障企业目标和宗旨的达成与实现。只有这样，企业文化的建设才是方向明确的、有动力的，才不会盲目陷于困境；而企业生产经营则会在企业文化建设的推动下得到更好的发展。

（3）重视人的培育。

企业文化作为一种新型的企业管理模式，之所以区别于过去的模式，其基本原因之一就是它以全新的角度认识了人的因素。如果忽视这一点就是丢掉了企业文化的精髓部分。从人的身上做文章是管理者工作的出发点和落脚点。

（4）继承企业优秀的文化传统。

企业文化的建设既是一个创立的过程，也是一个不断革新改造的过程。新企业文化并不是建立在一片废墟之上，原来的企业文化也并非一无是处。各个不同的企业都有自己的文化传统。在创立企业文化过程中，我们不能忽视原有文化的存在。事实告诉我们，如对原有文化持虚无主义态度，则难以博大的胸襟创立新的企业文化。

（5）重视企业民主建设。

积极的企业文化是建立在民主的价值观与信念之上的。没有企业民主就不可能有促进企业发展的健康向上的企业文化。企业民主是企业员工广泛参与创立企业文化的先决条件。只有在民主的氛围中，企业员工才可能感觉到

自己被尊重、被理解、被关心、被爱护，才可能调动企业员工参与创立企业文化的主动性和创造性。没有企业民主，企业文化只可能存在于企业的领导层中，这样企业文化就蜕变为企业阶层文化。如果在这一阶层仍无民主可言，那么企业文化则变为个人文化信念。现实告诉我们，企业文化越发达的企业，它的民主化程度越高，民主表现方式也越多样化。在这样的企业中，约束企业员工行为的最大力量，不是来源于等级权力，而是来源于文化价值观念及其中的道德力量和行为规范。

（6）重视树立典型和英雄榜样。

典型和英雄，是企业文化的人格化。每个企业的发展，虽然是通过群体的力量来推动的，但是不能忽视群体中卓越的典型事例和英雄模范人物的鼓舞、带头作用。"榜样的力量是无穷的"，如果一个企业的全体成员都平平庸庸，就难以产生创新，就不会有竞争，就不会有进取的动力。

（7）重视对企业员工的精神激励。

在我国当今的物质生活条件和社会主义市场经济条件下，物质利益无疑是鼓励和调动人们工作热情与积极性的首要因素。但无数事实也反复证明了它也并非唯一因素，事实上，精神的激励，也能产生强大的动力，调动人们的工作热情与积极性。

三、企业行为文化规范

企业在塑造自己行为文化时，必须建立企业行为的规范、企业人际关系的规范和企业公共关系的规范。从企业运作的过程看，企业行为包括企业与企业之间、企业与顾客之间、企业与政府之间、企业与社区之间的行为。

1. 企业行为的规范

在企业运营过程中，企业家的行为、企业模范人物的行为以及企业全体员工的行为都应有一定的规范。在规范的制定以及履行中，就会形成一定的企业行为文化。例如，在企业管理行为中，就会产生出企业的社会责任，即企业对消费者的责任、企业对内部成员的责任、企业经营者同企业所有者之间的责任、企业在各种具体经营中所必须承担的责任等问题。承担这些责任就必须有一定的行为规范加以保证。

企业的社会责任，是指企业在谋求自身利益的同时，必须采取保护和增加社会利益的行为。企业作为社会物质生产的主要部门和社会物质文化的创造者，担负着为社会公众提供物质产品和服务的责任，它通过营利来繁荣社会的物质生活，这是企业不可推卸的责任。重视盈利是企业生存、发展的需要，也是社会经济发展的需要。但是企业毕竟是社会系统中的一个组成部分，它和社会系统中的其他要素和部分存在着千丝万缕的联系。企业的经营活动正是在同政府、顾客、股东、金融机构、协作商、新闻媒介、公众、社区的相互联系中得以实现的。因此，企业决不能置其他利益于不顾，单纯追求自身的利益，片面强调利润目标最终会给企业自身的发展带来困难。企业长期稳定的发展不仅取决于企业自身的经营效益和竞争能力，而且有赖于社会的方方面面，而企业存在的价值和意义有赖于社会各界公众的认可和支持，这就要求企业在制定经营目标时,应当认真考虑自己对社会承担的责任和义务，应当力图使企业的发展和社会的进步得到统一。

为了使利润最大化而放弃自己的社会责任或损害社会公众利益都是违背企业行为的规定的，它只能导致企业失去公众的信任和支持。履行企业的社会责任，协调企业的社会责任与经济责任之间的关系，是企业行为中的一条重要规范。

此外，服务行为是企业行为的重要方面，是提高企业知名度的重要法宝。人人都知道服务的重要性，但在实际操作中往往存在许多问题。

一个企业要在市场竞争中取胜，必须努力赢得人心：一方面要赢得企业员工的心；另一方面必须赢得顾客的心。以优质高效的服务活动和服务行为不断地争取顾客、赢得顾客的心，是企业一切活动的出发点和归宿，也是竞争制胜的主要原因。所以，良好的服务形象是企业的无形资产，是企业形象增加附加值的永恒法宝。

对顾客来说，有时服务质量等软件因素比设备等硬件因素更为重要。公司形象美的设计应当从把企业改造成为全方位的服务单元的战略目标出发，从给顾客提供最佳服务的角度出发，内容比装潢、设施更重要。

一般来说，产品的价值来自品牌、品质与服务三个方面。由于技术手段和消费水平的提高，各家产品在内在质量方面已无太大差别，因此在市场渐趋饱和和全球竞争日益激烈的情况下,产品的差别化战略将配合良好的服务，构成竞争的主要手段。优质的服务带来的是长期的信任、长期的购买、长期的利润回报。美国一家研究市场营销策略的机构曾做过一次调查，这个机构把一组公司按照顾客的意见将服务分成较好和较差两类。服务较好的公司商品价格约高 9%，而销售额很快翻了一番，其市场占有率每年增加 6%，而服务较差的公司其市场占有率每年下降 2%。总的调查显示，顾客认为服务质量好的企业，其销售利润可达 12%，而其余企业仅为 1%，差别之大呈现出商品营销的市场弹性。

优质服务并不仅仅是服务态度，各种服务手段要相互配合，方能形成整体服务优势。从营销服务上看，必须满足消费者整体的不断变化的需求以及不同消费者的不同需求。服务质量的配套包括六个"适当"：

（1）适当的目标消费者，即服务目标指向某一群体的消费者；

（2）适当的商品，即商品本身（数量、性能、用途、花色、规格、造型、颜色、包装、商标、信用保证等）满足消费者物质的和审美的需求；

（3）适当的时间，即让消费者在其最需要、最惬意、最适当的时刻得到满足；

（4）适当的地点，即让消费者在其认为最方便、最适当的地方得到满足；

（5）适当的价格，即确定消费者最愿意接受、最乐意支付的价格；

（6）适当的信息沟通方法，即通过适当的信息渠道告诉消费者来享受为其提供的各种服务。

2. 企业人际关系的规范

企业人际关系规范的推行，是一场意识革命和全新价值的创造。它分为对内关系和对外关系两大部分。

企业员工的一举一动、一言一行都体现着企业的整体素质。企业内部没有良好的员工行为，就不可能有良好的企业形象。如果员工行为不端，纪律散漫，态度不好，将给企业形象带来严重的损害。

将企业的理念、价值观贯彻在企业的日常动作、员工行为中，最重要的就是确立和通过管理机制实施这些规范。从人际行为、语言规范到个人仪表、穿着，从上班时间到下班时间都严格按照这些规范行事。要做到这一点，在很大程度上依赖于有效的培训。通过反复演示，反复练习，从规范的学习演变到自觉的行为。培训的方法有：讨论与座谈，演讲与模范报告，实地观摩与示范演练；在实际工作中纠正不符合规范的行为偏差，边检查，边纠正；重复性演示与比赛。培训的目的在于使广大员工自觉地接受这套行为规范，不折不扣地贯彻在日常工作中。以下沃尔玛的"周六例会"案例最能体现其企业文化。

案例：　　　　　　　　　　周六例会

每周六早上七点半，沃尔玛公司高级主管、分店经理和各级同仁近千人集合在一起，由公司总裁带领喊口号，然后大家就公司经营理念和管理策略上畅所欲言、集思广益，做出优良成绩的员工还会被请到总部并当场予以表扬。这一周一次的晨间例会被视为沃尔玛企业文化的核心。参加会

议的人个个喜笑颜开，在轻松的气氛中彼此之间的距离被缩短了，沟通不再是一件难事，公司各级同仁也了解到各分公司和各部门的最新进展情况。在星期六的晨间例会上，与会者通常会花上一些时间来讲述一些似乎不可能达成的创新构想，大家不会马上否决这些构想，而是先认真思考如何让不可能的事情变为可能。一位公司的管理人员阿尔·迈尔斯说："周六晨间会议的真正价值在于它的不可预期性。"

对外关系主要是指企业经营面对不同的社会阶层、市场环境、国家机关、文化传播机构、主管部门、消费者、经销者、股东、金融机构、同行竞争者等方面所形成的关系。其中，处理好与同行竞争对手的关系十分重要。企业应联谊竞争对手，在竞争中联合，在竞争中共同发展。任何企业不仅要面对竞争，而且要勇于竞争，要在竞争中树立自己的良好形象。每个企业都应当争取在竞争环境中广交朋友，谋求公众的支持与合作，最终使企业获得经济与社会效益的双丰收。竞争是社会发展和进步的源泉，竞争无所不在、无所不有，竞争的表现形式也是多种多样。某些企业为了招揽顾客，对竞争对手进行攻击、拆台，甚至不择手段地使用贿赂等手段，这种破坏同行关系的做法对于双方都是有百害而无一利，最终可能导致两败俱伤。

3. 企业公共策划及规范

企业公共关系活动的作用是：树立企业信誉；搜集信息，全面而准确地分析企业所处的人事环境和舆论环境；协调谅解，包括及时处理组织与公众之间存在的矛盾、建立预警系统并实行科学管理、协助处理纠纷等工作；咨询建议，包括提供企业形象、公众心理、公众对企业政策的评价咨询、提出公关工作建议；传播沟通，通过信息传播影响舆论，争取公众，双向沟通以达到与公众协调的目的；社会交往，为企业创造和谐融洽的社会环境。

企业公关策划是一个设计行为方案的过程。在这个过程中，企业依据目前的组织形象的现状，提出组织新的形象的目标和要求，并据此设计公共关系活动主题，然后通过分析组织内外的人、财、物等具体条件，提出若干可行性行动方案，并对这些行动方案进行比较、择优，最后确定出最有效的行动方案。根据公关行为的传播特性，公关策划应当遵循以下规范：

（1）公众利益优先。

所谓"公众利益优先"，并非企业完全牺牲自身的利益，而是要求企业在考虑自身利益与公众利益的关系时，始终坚持把公众利益放在首位。要求企业不仅要圆满完成自身的任务，为社会作出贡献，同时还要重视其行为所引

起的公众反应，并关心整个社会的进步和发展，以此获得自身利益的满足。企业只有坚持公众利益至上，才能得到公众的好评，使自己获得更大的、更长远的利益。

（2）独创性与连续性相统一。

公关活动与广告所追求的重复与反复信息刺激不一样。一般而言，不会有两个相同的公关活动策划。这是因为企业所处的环境与公众都在不断变化，唯有富于特色的、标新立异的公关活动，才能适应社会条件和公众心理的变化，使之与竞争对手的形象产生差别，从而突出自己的企业形象。企业公关活动策划不仅要考虑一次活动的独创性，还要考虑本次活动与前后活动的连续性，使独创性和连续性统一起来。这样，才能更为科学有效地实现企业整体形象塑造的传播效果。

（3）计划性与灵活性相统一。

公关策划所形成的行动方案，放入到企业的整体计划中，构成企业整体活动的一部分通常是不能轻易改变的。这种计划性带有对企业行为识别系统最佳效果的战略布局，但是这种预见性及超前的计划往往也会因企业主客观条件的变化而出现不适应或不合时宜的情形，这就需要及时进行调整、完善计划的前瞻性和现实操作性，给予动态支持等灵活措施的实施。

确定公关活动对象，重点是通过分析公众。选择和确定有利于发挥目标效应的公众展开活动。公关活动是以不同的方式针对不同的公众展开的，而不是像广告那样通过媒介把各种信息传播给大众。因而只有确定了公众，才能选定哪些公关活动方案最有效，因为不同的公众群体有着不同的权利条件；社区要求企业能扶持当地社会经济发展；政府要求企业遵纪守法；媒介要求企业提供采访的方便条件等。分析公众就是找出各类公众的特殊要求，那些带有个性的问题是制定企业特殊形象的基础。把那些有特殊要求的公众作为公关活动的对象来确定公关活动的主题，可增强企业行为的鲜明度。

第四节　企业行为文化中的职业道德

企业的各种行为，包括企业人的经营行为和非经营行为，以及企业中的人际交往关系，都体现了企业的文化品位和价值取向，折射了企业的经营理念、管理哲学、工作作风、审美意识等文化特色。同时，企业行为对于职业道德的彰显则更为直接。企业行为文化与企业职业道德都以企业行为作为载

体，相互融合，共同促进企业的发展。每个企业的文化虽然不同，但职业道德的因素在企业行为文化中都有所体现，只不过各有侧重而已。例如，金利来公司的企业文化理念是勤、俭、诚、信；朗讯公司推崇的价值观是具有团队合作精神，具有强烈的社会责任感，具有饱满的工作热情；可口可乐公司的用人标准是诚实正直，富有责任心、敬业精神和团队精神。忠诚、诚信、勤奋、责任、热情、敬业、节俭、协作等职业道德在企业内部和外部行为中彰显出企业的文化价值观，形成企业的活动文化成果。

一、企业人蕴含的职业道德

企业行为文化以行为的方式体现企业的价值理念。作为企业行为文化的重要组成部分，企业人行为在企业对外经营活动中向社会、向客户传达企业的社会责任感、忠诚度，在对内生产活动中通过产品体现员工对节俭、勤奋、热情、敬业企业文化价值观和企业道德内涵的认同。

企业家行为是企业行为文化的重要内容。企业家精神是企业文化的核心，企业家节俭、勤奋、敬业的美德以及他们对国家、对社会强烈的责任心、促人奋发向上的思想必然渗透于整个企业文化中。企业家对内的企业管理，如对员工进行企业文化宣传，进行各种文体活动，给员工直接的行为、理念的传达，滋润影响着员工的道德规范和企业文化价值指向；对外的人际交往行为，如向公众进行企业形象和口碑宣传，则向社会体现企业的职业道德形象、文化价值。企业模范是企业文化人格化的结果。企业模范是企业群体中的一面旗帜，他的品德通过言行对企业员工进行潜移默化的文化熏陶与道德塑造，他对企业的忠诚、勤奋、敬业都彰显了企业文化哲学理念，反映了企业的文化道德指向。

企业员工的群体行为决定企业整体的精神风貌和企业文明的程度，企业员工群体行为是企业行为文化的重要组成部分，是企业文化的外在表现。企业员工整体的精神风貌、对待工作的态度、生产经营活动的工作作风都体现了企业文化的行为层，同时也给社会公众宣示企业和谐、严谨、负责、向上、诚信的职业道德风尚。

企业人行为中彰显的职业道德可以归纳为以下内容：

1. 忠 诚

忠诚是人类宝贵的品质，是无价之宝。现代企业的员工忠诚，主要指员工对自己选择的企业所作出的守诺行为。员工的忠诚度是企业发展的基石，对于企业的健康持续发展弥足珍贵。毫无疑问，企业需要忠诚的员工，它体现了最珍贵的情感和行动的付出。因为对企业忠诚，员工才愿意尽心尽力、尽职尽责地为企业服务，并敢于承担一切。在任何时候，忠诚都是企业生存和发展的精神支柱，也是企业的生存之本。21世纪最宝贵的资源莫过于人才，对于一个企业来说，人才难求，而求得对企业具有高度忠诚的人才更是难上加难。有高忠诚度的员工，往往会自觉地把企业的利益放在首位，他们把企业的前途兴衰与个人的荣辱紧密联系在一起，想企业之所想，急企业之所急。在眼前利益与长远利益、局部利益与全局利益、个人利益与企业利益之间发生矛盾和冲突时，他们都能忠诚于企业，顾全大局，做到"心底无私天地宽"。

忠诚不仅包含道德价值，还蕴含着巨大的经济价值、社会价值和文化价值。一个忠诚的员工是能够带给他人信赖感的，并乐于让管理者接纳，在赢得管理者信任的同时，更为自己的职业生涯带来莫大的好处。相反，如果一个人失去了忠诚，就等于失去了一切——朋友、客户、工作，因为谁都不愿意与一个不能信赖的人共事和交往。第二次世界大战时著名的麦克阿瑟将军说过："士兵必须忠诚于统帅，这是义务。"同样，对于一个企业而言，员工的忠诚就是整个团队实现自己目标的关键因素。因为忠诚，企业才能形成巨大的合力，企业也才能够无坚不摧，战无不胜。

当然，忠诚并不是一定要从一而终，它是一种职业的责任感，不是对某个公司或某个人的忠诚，而是一种对你选择职业的忠诚，是承担着某一责任或从事某一职业时表现出来的敬业精神。

案例： 在西门子公司刚进驻中国的时候，某分公司曾经招聘了一批员工，然后大力培养他们，成为业务骨干，企业订单不断，利润大增。分公司老板欣喜若狂，对这批业务骨干宠爱有加，频频加薪。谁知好景不长，那个业务主管本是个老实人，但做了几年业务下来，脑子就"活泛"多了，开始偷偷背着公司自己联系业务，为了给自己拉拢更多的客户，他甚至和客户串通一气吃回扣。最严重的一次，他竟然与外商谈判时在中间做了手脚，导致公司损失惨重。老板知道后愤怒不已，把这批业务人员全部炒掉，但企业却因此元气大伤、损失惨重。遭此一创，分公司老板心中阴影难消，以后再招聘员工时，他明确规定，一定要保证员工的忠诚度，哪怕他的知识水平差一点，经验不太足，这些都可以通过培训来弥补，但如果员工缺乏对企业的忠诚，即使他是天才，也要将他拒之门外。

2. 勤　奋

《易经》载："天行健，君子以自强不息。"人应该效法天地，刚健不息，积极有为。儒家主张积极入世、用世、有为，奋发图强，苦干实干。这种积极的入世哲学和参与精神与现代企业强调全员的开拓精神和参与意识是一致的。儒家思想文化素来倡导吃苦耐劳、自强不息、刚健有为的精神，这正是现代企业发展的原动力。弘扬儒家思想，重塑企业职业道德，就要培养和造就自立、自强的企业精神，埋头苦干的主人翁精神和自力更生、艰苦奋斗的创业精神。培养企业员工的责任感、使命感，激励他们勤奋工作、积极进取、奋发有为。

推动企业发展的并不是那些天资卓越、才华横溢的少数天才人物，而是那些无论在哪一个行业、哪一个部门都勤勤恳恳、劳作不息、埋头苦干的大多数员工。勤奋首先指的是一种积极向上的人生态度。其次，它也是员工成才的必经之路，是公司重现企业生机与活力的集中表现。不论你从事何种职业，要想成功，就必须具备勤奋的工作态度，没有勤奋的工作，再美好的愿望都只能空谈。

案例： 玛丽是摩托罗拉一个分公司的办公室文员，她知道自己只有不断努力工作，才能获得和别人竞争的资本。同时，她也寻找一切可以学习的机会，不断学习新东西。一次，一个客户约好来谈业务，可是下班时间到了还没来。玛丽一直等到晚上八点多，客户才到。那天玛丽表现非常好，为公司赢得了声誉和利润。现在，她已经是公司的副经理了。

3. 责　任

责任就是要每位员工在自己的岗位上竭尽心力。责任感是一种担当、一种约束、一种动力、一种魅力。一个人只有负有责任感才能够实现自己的承诺；只有负有责任感才能够正视困难勇往直前；只有负有责任感才能够得到别人的尊重，塑立高尚人格。

任何一个企业都很注重员工的责任感。可以说，员工没有责任感，企业就不能成其为一个企业，员工的责任感在很大程度上能够决定一个企业的命运。员工需要同时对企业和自身的职业负责：对企业负责就是要使企业能够生存与发展；对职业负责就是要锻炼自己的职业修养与能力，谋求更大的发展空间。

员工的责任心，就是企业的防火墙。其实许多企业巨人轰然倒塌都与企

业员工的责任缺失有关。因此，责任心目前成为越来越多企业的用人标准。在三星公司用人理念中，最重要的一条就是要求员工有责任心。也正是因为有这样的要求，才成就了三星的辉煌。工作是安身立命之所，既然有了一个施展才能的平台，忠于职守、勤勉尽责就是最起码的职业操守和道德品质。

责任没有大小之分。一丁点儿的责任，可以为一家公司挽回敷以千计的损失；一丁点儿的不负责任，也可能会使一个百万富翁倾家荡产。因此，对企业来说，正因为有了责任感，员工才能尽职地做好各项工作，才能保证企业的发展，提高企业的凝聚力、竞争力。也只有那些勇于承担责任的员工，才可能被赋予更多的使命，在企业担当重任，也才有资格获得更多和更大的荣誉和发展机会。

案例：索尼公司准备招聘一名管理人员，待遇很优越，应聘的人很多。面试的一个个进去又一个个出来，大家看起来都胸有成竹。面试题很简单，只有一道，就是谈谈你对责任的看法，然而却一个人都没有录用。招聘人员解释说："我们很欣赏各位的才华，你们很优秀，我们很满意。但是我们考了两道题，你们对另一道题都没有回答。你们看到了躺在门边的那个拖布了么？在进来的所有人中，有人从上面跨过去，有人甚至踢了一脚，却没有人把它扶起来。你们对责任的理解都很深刻，但对责任的深刻理解却远不如做一件有责任的小事，后者更能体现你的责任感。"

---

4. 热 情

热情就是一个人保持高度的自觉性，以执着必胜的信念、真挚深厚的情感，投入到他所从事的事业中，也就是把他全身的每一个细胞都激活，为了忠贞不移的理想而不懈努力。

热情不仅是事业成功不可缺少的条件，同样也是一个企业对员工的基本要求。一个企业是否具有对企业目标的热情决定着企业的成败，一个员工是否具有对自己工作的热情决定着员工个人职业生涯的成败。

卡耐基把热情称为"内心的神"。他说："一个人成功的因素很多，而属于这些因素之首的就是热情。没有它，不论你有什么能力，都发挥不出来。"可以说，一个员工如果没有满腔热情，那么他的工作也就很难维持和继续深入下去。很难想象，一个缺乏热情的员工能够始终如一地高质量完成自己的工作，当然也就更谈不上创造什么业绩了。企业最大的资本在于员工的知识、创意以及热情。但是，在一个企业中，不论你有多少知识和创意，如果没有热情，那还是等于纸上谈兵，一事无成。

没有一个人愿意跟一个整天无精打采的人打交道，更没有人愿意雇佣一个毫无工作热情的员工。但是，如果一个人知识水平一般，才能也比较平庸，但有着满腔的工作和学习热情，愿意努力奋斗，认为勤能补拙，他就一定可以做出很好的业绩。纽约中央铁路公司的总经理曾说过这样的话："我越老就越感觉到热情的重要性。成功的人和失败的人在知识、能力和智慧方面的差别往往不大，但是如果两个人各方面才能相差无几，其中那个具备热情的人一定能够得偿所愿。你能力不足没关系，但你的热情一定可以使你超越能力高超但缺乏热情的人。"

案例： 迈克是 IBM 市场的一名推销员。在一个寒冷的傍晚，他在一个地区推销产品，但没有做成一笔生意。他万分沮丧，感到非常失落，刚进公司的热情已经荡然无存，他走进一家咖啡馆坐下来，考虑是否应该换一份工作。就在这时，服务员热情地为迈克端上了一杯热气腾腾的咖啡。他看着服务员热情的笑脸，突然醒悟过来，自己不能再这样沉浸在失败的阴影里了，这和他刚来公司的初衷是不相符的。他想到热情服务是积极心态的最佳表现，积极心态也是他在书籍中看到的最重要的词语，于是他及时调整了自己的心态。第二天，他在出发前，告诉自己的同事："等我的好消息吧，今天我将再次拜访那些客户。我相信我一定可以拉到更多的业务。"晚上回到公司后，迈克果然做到了这一点。他重新满怀热情的拜访了前一天谈过话的每一个人，结果真的拉到了不少客户。

5. 节 俭

法国作家大仲马曾精辟地说道："节俭是穷人的财富，富人的智慧。节俭是世上所有财富的真正起点。""成由勤俭，败由奢"，节俭是一个人的重要品质，很难想象，一个从小大手大脚随便浪费的人能创造一番事业。

节俭不仅仅是美德，更是一种成功的资本，一种核心竞争力。在微利时代，节俭的企业，会在市场竞争中脱颖而出；节俭的员工，永远是企业的金牌员工。在竞争十分激烈的今天，企业要想保证一定的利润，又要快速扩张，更要降低企业的各种成本。而要降低成本，就需要企业的全体员工一起努力，一起节俭。很多全球 500 强企业，每年利润丰厚，依然将节俭当成衡量员工的一个基本标准，都对员工的节俭习惯做了严格的规定。节俭还是公司作为一个现代企业和一个职业化企业人应该具备的基本素质和文化，因此无论是企业领导还是员工都应该节俭。

节俭好像不是一个大问题，但需要一个人有大本领才能做得彻底，做得不留遗憾。只有节俭，企业才能生存；只有节俭，员工才能有所发展。

也许有人会想节俭和成本控制是公司的事，公司亏损跟员工没有什么关系，只要按时给员工发工资就可以了。实际上，企业的兴衰关系到每个员工的切身利益，也牵系在每个员工的手中。企业兴则员工荣，只有企业兴盛了，员工才能获得更多收益。同时，对于企业而言，节俭的员工才是受欢迎的员工。

> **案例：**一年夏天，32位世界级企业家（总资产超过英国一年的国民经济总收入）举办一次"夏日派对"，比尔·盖茨应邀出席这个盛会，身穿的一套服装，是他在泰国菩吉岛休假时花了不到10美元买，还抵不上"歌星""影星"干洗一次衣服所花的钱。比尔·盖茨说，一个人只有当他用好了他的每一分钱，他才能做到事业有成，生活幸福。

二、企业人际关系彰显的职业道德

现代企业的人际关系在企业发展中发挥着重要的作用，因而任何一个企业都非常重视人际关系的构建。企业人际关系也是企业行为文化的重要组成部分。在企业内部人际关系中，无论是横向人际关系还是纵向人际关系，团结协作的群体氛围，和睦共处的人际关系，都是企业追求的企业行为文化模式，也是人际交往中的职业道德目标。在企业对外人际关系中，企业员工对客户服务所体现的诚信、敬业、勤奋、协作，都是企业所追求的文化价值理念和道德理念。

企业人际关系彰显的职业道德包括：

1. 协 作

协作就是要求员工具有团队精神。有人说："一堆沙子是松散的，可是它和水泥、石子、水混合后，比花岗岩还坚硬。"

今日的世界是一个合作的世界。作为一名公司的职员，单凭一个人是无法完成一个上规模的项目的，公司的命运和利益包含着每一个公司员工的命运和利益，没有哪个员工可以使自己的利益与公司相脱节，只有积极向上的团队才能够鼓舞每一个人的信心。一个充分协调一致和和睦融洽的团队给每一位成员一份良好的感觉。只有整个团队获得更多利益，个人才有希望得到更多利益。因此，每个员工都应该具备团队精神，融入团队，以整个团队为

荣，在尽自己本职的同时与团队成员协同合作。日本企业能够具有强竞争力的直接原因不在于其员工个人能力的卓越，而在于其员工整体"团队合力"的强大，也就是深深扎根于他们血液中的"团队精神"。

2. 诚 信

言而不信，行之不远。诚信是中华民族的传统美德，是古老道德文明的基石。诚信，也是市场经济的行为准则，是企业生存发展的根基。诚信是依附在人之间、组织之间和商品交换中的一种信任关系。诚信构成现代商业交往的基础，没有诚信，就没有现代商业。

市场经济是契约经济、信用经济。重约守信、言而有信，诚信为本，是现代企业必须具备的职业道德，也是公平有序竞争的基本条件。企业要营利，首先应该弄清楚为什么获利、怎样获利的问题。企业赚钱要讲良心，获取的应该是"阳光下的利润"。社会主义市场经济条件下，企业要牢固树立契约意识和忠实履约的道德精神，信誉至上，注重商业道德，反对随意毁约、商业欺诈和言而无信。

企业成员要诚实、忠实、老实，要坦诚相待，信守承诺；要诚心待客，货真价实；要恪守信用，严格履约。企业成员要通过自律、自省、自觉，从思想上消除"机会主义动机"，减少"道德风险"。不弄虚作假，不瞒上欺下，不歪曲事实，不偏听偏信。只有诚信不欺、重约守信，自觉维护公平竞争的市场秩序，维护社会公共利益，才能维护企业的信誉和形象。欺诈、哄骗、言而无信，昧着良心赚钱，就会使企业失去信用，最终也会失去市场，失去自下而上的根本依托。

案例： 日本东芝公司笔记本电脑曾因严重质量问题被起诉。事件发生后，东芝公司对美国用户实行及时赔偿，对东亚用户则敷衍了事。这种"给美国人美金，给中国人补丁"的做法引起了社会各界的不满，结果是东芝笔记本电脑销量暴跌，从此无法在东亚市场上立足。

第五章　企业制度文化

第一节　企业制度文化的内涵及特征

一、企业制度的内涵

1. 制　度

在古汉语中，"制度"一词意指在一定历史条件下形成的法律、礼俗、规定以及立法等。如在《易·节》中载"天地节，而四时成，节以制度，不伤财，不害民。"王安石《取材》载："所谓诸生者，不独取训习句读而已，必也习典礼，明制度。"《汉书·严安传》载："臣愿为制度以防其淫。"在《辞海》中解释为"要求成员共同遵守的、按一定程序办事的规程"。《现代汉语词典》把制度分为两重含义：第一，制度指大家共同遵守的办事规程和行动准则；第二，制度是指一定历史条件下形成的政治、经济、文化等方面的体系。通常我们是在第一种意义上来理解制度的，即认为它是"办事规程和行动准则"。著名经济学家汪丁丁认为，汉语的"制"与"度"两字有不同的含义，"制"是指外在的规约、束缚和局限，"度"是指内守中庸之节，因此，汉语的制度包含了从"内"与"外"两方面对行为的规约。换句话说，汉语的"制度"，既包括外在的正式制度，也包括内在的道德约束。

2. 企业制度

企业制度是指对企业的微观构造及其相关制度安排所做出的一系列界定、规制与约束的总和，具体表现为企业组织运营管理一系列行为的规范化和制度化。企业制度有狭义和广义之分。狭义的企业制度是指企业组织内部的非市场契约主要用于调节与企业经营有关的行为主体在企业内部的各种关系，主要包括企业的产权结构、组织结构、雇佣制度、分配制度、激励制度以及生产管理制度等。广义的企业制度在狭义的基础上还包括企业外部的各种非市场的与市场的契约关系，如企业与企业、企业与政府等不同利益主体间的契约关系等。

企业制度是企业赖以存在和发展的体制基础，因为组成企业的各种生产要素是通过企业制度来进行组织的。科学完善的企业制度有助于企业的长远发展；企业制度是企业及其构成机构、企业员工的行为准则和行为规范，因为这样的约束能够降低交易成本支出；企业制度是企业高效发展的活力源泉，因为良好的制度安排能够激发员工的积极性从而带来企业的经营活力；企业制度是企业有序化经营的体制框架和体制保证，因为制度能够保证企业高效有序地运行；企业制度是企业文化得以现实化的重要机制，因为它是企业文化发挥现实性作用的平台。

一般而言，企业制度由三个部分的内容构成：① 企业产权制度，是以产权为依托对企业财产关系进行合理有效的组合、调节的制度安排。② 企业组织制度，是企业组织形成的制度安排，如治理结构、领导体制等。③ 企业管理制度是对企业管理活动的制度安排，如企业的劳动人事制度、分配制度和财务会计制度等。

二、企业制度文化的内涵

企业制度文化是企业文化的重要组成部分，属于企业文化的制度层。在企业中，企业制度文化是人与物、人与企业运营制度的结合部分，它既是适应物质文化的固定形式，又是精神文化的产物，是企业文化在企业生产经营活动中秩序方面的具体体现，反映人的意识与观念形态，是塑造精神文化的主要机制和载体。

企业制度文化是企业为实现自身目标对员工的行为给予一定限制的文化，它是企业在长期的生产、经营和管理实践中产生的一种文化特征和文化现象，是企业文化中人与物、人与企业运营制度的中介和结合，是一种约束企业和员工行为的规范性文化。它对职工应该享有的权利和应该履行的义务做出了基本规定，也是职工在企业一切活动中应该履行、可以遵守的工作秩序与行为准则。从产生的途径来看，企业制度文化是在企业价值观和企业精神的指导下形成的；企业的制度意识应是企业价值观的具体化，是把抽象的企业价值观念向企业行为实践转化的主要环节。缺乏企业价值观的制度绝不是企业所应追求的，而不体现在企业制度中的价值观则是没有充分发挥作用的空头价值。因此，企业制度文化强调的是在企业生产经营的活动中应建立

一种广大员工能够自我管理、自我约束的制度机制，这种制度机制使广大员工的生产积极性和自觉能动性不断得以充分发挥。当企业制度的内涵未被员工心理接受时，其仅仅是管理规范，至多是管理者的"文化"，对员工只是外在的约束，只有当企业制度的内涵被员工心理接受并自觉遵守时，制度才变成一种文化。

企业制度文化是企业文化建设的内容和标志之一，它往往融汇于企业的其他文化形态中，如经营文化、组织文化、市场文化。从规范企业行为的角度，企业制度文化成为调动广大员工自主性、能动性、创造性的本质力量。因而，一个企业制度文化的水平与状况完全可以反映该企业的企业文化建设的总体水平。

三、企业制度文化的特点

企业制度文化是企业文化的重要组成部分，它具有两个主要特点：

1. 中介性

企业制度文化是"中介性文化"。精神文化是人的意识和观念形态的反映，行为文化是与人在生产、学习、娱乐中的活动直接相联系的文化，其主体是人。物质文化是由劳动者创造的各种物质设施所构成的实体文化，是文化的物质方面，而企业的制度文化是人与物结合的部分。一方面，制度文化是一定精神文化的产物，它必须适应精神文化的要求，人们总是在一定的价值观指导下去完善和改革企业各项制度的，企业的组织机构如果不与企业目标的要求相适应，企业目标就无法实现。卓越的企业总是用适应企业目标的企业组织结构去迎接未来，从而在竞争中获胜。制度文化又是精神文化的基础和载体，并对企业精神文化起反作用。一定的企业制度的建立，影响人们选择新的价值观念，成为新的精神文化的基础。企业文化总是沿着精神文化—制度—新的精神文化的轨迹不断发展、丰富和提高的。另一方面，制度文化又是由一定物的形式所构成的。企业的制度文化是企业行为文化得以贯彻的保证。同企业职工生产、学习、娱乐、生活等方面直接发生联系的行为文化建设得如何，企业经营作风是否具有活力、是否严谨，人际关系是否和谐、职工文明程度是否得到提高等，无不与制度文化的保障作用有关。正是由于制度文化的这种中介的固定和传递功能，它对企业文化的建设具有重要的作用，成为培育企业文化的关键。

2. 规范性

企业制度文化是一种"规范性"文化。任何一个企业制定企业制度的目的是为了规范企业及其全体成员的行为，以达到经营管理的某种目的，实现企业的目标。而企业制度文化的建立则是企业为实现企业目标给予企业职工的行为以一定的方向、方式的具有适应性的文化。这种对职工的行为给予一定限制的文化，具有共性和强有力的行为划一的要求。企业制度文化的规范性是一种来自员工自身以外的、带有强制性的约束，它规范着企业的每一个人，企业工艺操作规程、厂规厂纪、经济责任制、考核奖惩制度等都是企业制度文化的内容。正是由于制度的规范性，才推动组织计划性和规范化运作，实现企业预期结果。但是，随着时代的发展和周围环境的改变，现代企业制度的制定更多的是强调"人性化"，更着重于如何将制度内化为员工无意识的行为，调动员工的积极性，因为制度对员工的作用是从行为规范到思维习惯上的塑造。

第二节 企业制度文化的内容与作用

一、企业制度文化的内容

企业制度文化还包括企业制度的产生、发展的方式、方法、程序，如规章制度是经过民主协商形式产生的，还是几个人"闭门造车"搞出来的，或是先民主，然后集中到一个人拍板，这些形式也可以说明一家公司的制度文化特征。制度文化的概念，还可以用来说明企业管理制度的产生、修改、完善或废止的演变过程，如企业关于顾客服务标准的规定，废止一种旧的标准，确立一种新的标准，或者修改其中的某个方面的规定，这些也都能够体现一个公司组织价值观的演变过程；又如国有企业改制，即由国有企业管理体制向股份制等现代企业制度的转变，这从制度文化上说，就是一种"企业文化转型"。在比较规范的公司组织中，这种制度文化的演变，与企业家的积极倡导有直接关系，但一般与主要管理者的个人偏好、个人兴趣没有必然联系。

企业制度文化主要包括领导体制、组织机构和管理制度三个方面。

1. 企业领导体制

企业领导体制的产生、发展、变化，是企业生产发展的必然结果，也是文化进步的产物。企业领导体制是企业领导方式、领导结构、领导制度的总

称，其中主要是领导制度。企业的领导体制，受生产力和文化的双重制约，生产力水平的提高和文化的进步，就会产生与之相适应的领导体制。不同历史时期的企业领导体制，反映着不同的企业文化。在企业制度文化中，领导体制影响着企业组织结构的设置，制约着企业管理的各个方面。所以，企业领导体制是企业制度文化的核心内容。卓越的企业家就应当善于建立统一、协调、通常的企业制度文化，特别是建立统一、协调、通常的企业领导体制。

2. 企业组织机构

企业组织结构，是企业文化的载体，是指企业为了有效实现企业目标而筹划建立的企业内部各组成部分及其关系。如果把企业视为一个生物有机体，那么组织机构就是这个有机体的骨骼。因此，组织机构是否适应市场竞争及企业生产经营管理的要求，对企业生存和发展有很大的影响。企业组织结构包括正式组织结构和非正式组织结构。不同的企业文化，有着不同的组织机构。影响企业组织机构的因素不仅包括企业制度文化中的领导体制，而且企业文化中的企业环境、企业目标、企业生产技术及企业员工的思想文化素质等也是重要因素。组织机构形式的选择，必须有利于企业目标的实现。在探讨企业组织机构和企业组织文化的时候，我们应当意识到，企业的组织文化并不是完全独立的，它与一定的民族文化传统的深厚背景有着千丝万缕的联系。在中国文化传统中，一般不从个体方面看问题，而是把任何事物都看成是一种有组织的结构。大到国家，小到个人，都有相应的管理网络和管理艺术。所谓"格物、致知、诚意、正心"是修己，是自我管理；所谓"齐家、立业、治国平天下"是安人，是家庭管理、企业管理、行政管理、教化管理。修身和安人是相通的。

3. 企业管理制度

企业管理制度是企业为获得最大效益，在进行生产经营管理时所制定的人与人、人与事方面的起规范保证作用的各项规定或条例，是出于经营工作秩序的需要由全体员工共同遵守的一种行为契约，是各项管理标准和规章制度得以贯彻的保证。企业管理制度以统一的企业理念为基础，由组织结构内在联系的一系列运营体系组成，包括企业的人事制度、生产管理制度、民主管理制度等一切规章制度。企业管理制度是实现企业目标的有力措施和手段。它作为职工行为规范的模式，能使职工个人的活动得以合理进行，同时又成为维护职工共同利益的一种强制手段。因此，企业各项管理制度，是企业进行正常的生产经营管理所必需的，它是一种强有力的保证。优秀企业文化的管理制度必然是科学、完善、实用的管理方式的体现。

二、企业制度文化的作用

1. 导向性和保证性

企业制度文化对于企业经营机制的正常运营具有导向性和保证性。企业制度文化作为企业文化中人与物、人与企业运营制度的中介和结合，它在一定程度上反映了企业文化的价值观念，可以把员工引导到企业所确定的目标上来。正是因为有了科学、统一、系统的管理制度，企业内各部门、各车间、班组及各成员的行为才能统一规范，企业的生产任务才能得以完成，从而使企业在竞争激烈的经济环境中处于良好的状态，有效实现企业经营目标。

2. 约束作用

企业文化的约束功能需要通过制度文化等来实现，以规范企业员工的行为。企业制度文化对于企业和员工的行为具有约束作用。企业制度中规定了企业这个整体和每位员工所需要遵循的行为规范，企业和其员工的行为必须按照制定的规范体系来进行，这样才能保证企业运行的秩序。在企业的管理上，对于整个企业的控制主要是由制度来推进的，制度能够保护企业的资产，并在制度的规范下对资产进行合理的使用和管理。自改革开放以来，我国现代企业制度的建立和不断完善，促使企业转换经营机制，依靠技术进步和强化管理，不断提高经济效益。对于员工的行为，需要具体的规章制度来对其进行约束。只要这些制度切实做到，无论是领导者还是员工的行为都可以有章可循、有纪可依。

3. 推动作用

企业制度文化能推动企业的生产力发展。企业的制度文化是企业文化的一种表现形式，企业的管理和生产活动的正常运行，制度文化中的组织管理系统可以发挥计划、指挥、调节和监督的功能。它将企业中的各种生产要素加以组合，使各种要素之间相互联系和补充，成为能够不断扩大的生产力。它也将员工这些单的劳动组织起来，使员工服从生产的总体需求，形成巨大的合力，对企业的生产力起到推动作用。

4. 中介作用

企业制度文化在物质文化和精神文化之间起到中介作用，而精神文化与制度文化具有一致性。企业制度文化必须适应精神文化的要求，人们总是在一定价值观的指导下去完善和改进各项制度；制度文化又是精神文化的基础和载体，并对精神文化起反作用。一定企业制度的建立，又影响着人们选择

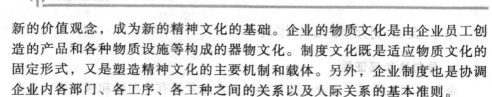

新的价值观念，成为新的精神文化的基础。企业的物质文化是由企业员工创造的产品和各种物质设施等构成的器物文化。制度文化既是适应物质文化的固定形式，又是塑造精神文化的主要机制和载体。另外，企业制度也是协调企业内各部门、各工序、各工种之间的关系以及人际关系的基本准则。

第三节 企业制度文化的构建

一、企业制度文化建设的原则

1. 自适应原则

任何企业都不可能脱离环境而独立存在。企业制度文化对环境的适应，既要适应环境的需要，取得对企业功能和行为满意的评价，又要适应环境发展变化的需要，以在变动的环境中生存发展。企业制度文化的建设，应该遵循自适应原则，建立科学的适应环境变化的系统模式，使企业综合环境风险和固有稳定性，对外界环境进行能动地、有计划地分析与反应。

2. 柔性原则

人是企业发展中最活跃、最起决定性的因素。制度是一种硬性措施，其主要作用是从物质层面和技术层面规范员工，使其行为更加切合企业的管理需要。在企业管理活动中，制度规范与文化引领实现团队成员在理念和行动上的统一，而人是文化的承载者和制度的执行者，因此，要有效贯彻落实好制度，必须坚持柔性管理原则。以制度为准绳，剔除传统的"经济人假设"，通过人文管理来落实制度，更多地把员工看作是社会的、复杂的自我实现，反过来让制度管理保障人文管理顺利进行。

3. 敏捷性原则

企业制度文化建设的敏捷性原则源于敏捷制造思想。敏捷性制度文化的建设，是一种新的组织模式和管理方法。自 20 世纪 90 年代以来，信息技术飞速发展，企业要想培养自己的竞争优势，提高自身在社会的竞争地位，就必须对迅速改变的市场需求和市场进度做出快速反应。在这种情况下，就必须适当简化管理结构，以便重组和调整，因此企业组织结构由传统的金字塔式的多层次集中管理模式转向扁平式的分散合作、动态灵活的网络化建设就成为必然。只有这样，企业的内外部信息才能够更加方便快捷地在组织内部流通，从而提高文化管理的效率，增强制度文化对企业内外部信息的敏感度。

二、企业制度文化建设的途径

1. 培育企业精神，为制度文化的建设奠定基础

企业制度文化从属于企业精神，是言简意赅的经营理念的活化和体现，具体且详细地诠释着企业哲学的内涵，而企业精神又为制度文化的实现提供了精神支柱。企业为实现自己的目标和宗旨，就需要提炼和设计出明确的核心价值观和核心理念，培育企业精神，并在其指导下，提出每一个分系统的理念或价值观。企业精神的培育，要立足于企业自身特点，选择适合企业自身发展的企业精神，与企业战略一致，与企业员工的认可程度和接纳程度一致，这样才会得到广大员工和社会公众的认同和理解。

2. 强化员工认同，使制度成为一种文化氛围

企业精神确定之后，制度文化的建设需要体现企业核心价值观。企业制度文化需要进行宣传，让员工进行学习、体会，产生认同。制度只有建在人的心上才会有效。如果员工从内心对制度不认同，就不会最大限度地投入工作，甚至可能会因为制度而耿耿于怀，这样工作效率自然会下降。制度只对自觉遵守它的人起作用，对主动破坏制度的人即形同虚设，所以需要员工认知、认同、自觉地遵守制度。虽然墙上无制度，但如果员工能将制度装在心中，做到心中有制度，行为有制度，企业制度也就达到了预期的效果。

制度文化可以通过传媒、舆论及各种沟通渠道，使制度形成一种文化氛围，其可以分为三个层面：第一，利用报纸、电视、广播等形式对企业规章制度的宣传教育，引导员工对制度规范的认同、理解及接受。第二，通过会议、情况反映、调查研究、演讲等手段，进行双向交流，形成舆论和文化氛围，特别是企业新老成员之间的交往，往往就是老成员向新成员传授价值观念和行为方式的过程，也就是企业制度规范的传递、影响、辐射的过程。第三，营造制度软环境，如标准字、标准色、商标、统一工作服、企业歌曲、企业标识等，都可以产生非强制性的引导和规范作用。

3. 巩固落实，使制度文化内化

在企业精神确立、企业制度制定并强化认同后，仍然会有个别成员背离组织宗旨，无视企业精神与制度的存在，屡犯制度。对于这种人，如果处理不当，很容易形成负面影响，最终波及整个制度体系的有效运行。因此，一方面在制度制定过程中，应该考虑到制度威慑性的必要，设立奖优罚劣制度，甚至苛刻的罚则；另一方面在制度执行过程中，应该强调管理者素质，真正使制度的执行公开、公平、公正。同时，要求领导者率先垂范，以身作则，

真正肩负起带领企业广大员工共建优秀企业文化的重任。只有这样，才能通过制度的执行，使企业理念与价值观得到不断内化，最终变成员工自己的理念与价值观。

案例： **海尔企业文化的构建过程**

第一步 提出质量理念：有缺陷的产品就是废品

海尔在转产电冰箱时，在规模、品牌都是绝对劣势的情况下，靠什么在市场上挣得一席之地？只能靠质量。于是，张瑞敏提出了自己的"质量理念"："有缺陷的产品就是废品"，对产品质量实行"零缺陷，精细化"管理，努力做到用户使用的"零抱怨、零起诉"。

第二步 推出"砸冰箱"事件

理念的提出是容易的，但是，让员工接受、认同最后变成自己的理念，则需要一个过程。1986 年，有一次投产的 1 000 台电冰箱，就检查出 76 台不合格。当员工们含泪眼看着张瑞敏总裁带头（形式体现）把有缺陷的 76 台电冰箱砸碎之后，内心受到的震惊是可想而知的，人们对"有缺陷的产品就是废品"有了刻骨铭心的理解与记忆，对"品牌"与"饭碗"之间的关系有了更切身的感受。但是，张瑞敏并没有到此为止，也没有把管理停留在"对责任人进行经济惩罚"这一传统手段上，他要充分利用这一事件，将管理理念渗透到每一位员工的心里，再将理念外化为制度，构造成机制（制度体现）。

第三步 构造"零缺陷"制度和流程体系

在海尔每一条流水线的最终端，都有一个"特殊工人"。流水线上下来的产品，一般都有一些纸条，在海尔被称为"缺陷条"。这是在产品经过各个工序时，工人检查出来的上工序留下的缺陷。这位特殊工人的任务，就是负责把这些缺陷维修好。他把维修每一个缺陷所用的时间记录下来，作为向"缺陷"的责任人索赔的依据。他的工资就是索赔所得。同时，当产品合格率超过规定标准时，他还有一份奖金，合格率越高，奖金越高。这就是著名的"零缺陷"机制，这个特殊工人的存在，使零缺陷有了机制与制度上的保证。目前，这一机制有了更加系统、科学的形式，这就是在海尔称为市场链机制的"SST"，即：索赔、索酬、跳闸。这一制度的推出，使海尔的产品、服务、内部各项工作都有了更高的质量平台（其他体现）。

第四节　企业制度文化中的职业道德

现代企业是一个法人组织，与自然人一样要从事社会活动，尤其是商业活动，要参与激烈的市场竞争。企业的竞争最终是文化的竞争，要使企业实现又好又快的发展，建设优秀的企业文化必不可少。作为企业文化的重要组成部分，企业制度文化的建设可以促进企业这个组织的成熟与完善。员工的职业道德是承载企业灵魂、展示企业形象的主题，也是员工职业素养的核心，因此企业必须将员工职业道德建设纳入企业文化建设之中。"道之以政，齐之以刑，民免而无耻；道之以德，齐之以礼，有耻且格"，这是孔子在一千多年前关于道德建设与企业制度建设关系的最精确的论述。企业在构建企业制度过程中就必须将企业从事商业活动所必需的职业道德渗透于制度构建中；在其规章制度中体现相应的职业道德；在制度执行过程中彰显职业道德。

一、职业道德渗透于制度构建中

企业在构建制度之时，就应该考虑到培育员工的职业道德。首先明确职业道德的内涵，将企业职业道德的要求转化为企业基本价值观。职业道德是员工应遵守的行为准则，它体现一定的职业特征，调整一定职业关系，包括员工与服务对象、职业与职工、职业与职业之间的关系。企业要根据时代特点和企业各岗位特点，明确各种职业所必须共同遵守的行为规范。因此，企业在制度构建之初，应重点关注职工本身，对员工给予人性化的对待和充分的尊重，将职业道德要求转化为员工良好的职业习惯和工作行为。注重职工个人价值观与企业价值观的有机统一，以便在制度文化建设中提炼企业核心价值观；激发职工的内在动力，鼓励他们积极参与制度建设；尊重职工的首创精神，以便在制度建设中实现群策群力；给职工以充分的人文关怀，及时巩固制度建设的成果等内容，突出的正是企业对企业职工的主人翁地位的尊重与保护。也就是说，在制度构建之初充分体现"以人为本"，走好培育制动优良职业道德素养的第一步。

二、制度规章中体现职业道德

职业道德是内部职工应自觉遵守的，与职业活动相关的行为规范，强调的是职工的自觉性和主体性，体现更多的是一种非强制性。规章制度是

企业管理的必要手段，一旦制定，企业员工必须执行，体现更多的是一种强制性。在实际中，职业道德与规章制度往往是联系在一起的，即非强制性的职业道德往往在强制性的规章制度予以体现。例如，企业经营管理制度中的售后服务管理制度、产品召回制度、最低赔偿制度、产品质量保证制度、问责制度等，都能够直接体现职业道德内涵。只不过职业道德以硬性制度出现，规章制度以舆论监督形式出现。规章制度的态度要求经常用"遵纪守法""不谋私利""表里如一""公正严明""用人唯贤"等词语，而职业道德中一般用"爱岗敬业""诚实守信""勇于奉献"等词语，这些原则和规范其实是相通的，都是以一种认识和信念存在于职工的内心，只是其可操作性取决于职工的自觉性和态度，因此主要以职业道德形式来表述。而财务人员的"遵纪守法"、医务人员的"救死扶伤"、运动员的"不打假球"、政府工作人员的"廉洁奉公"既是一种职业道德规范，又是一种规章制度。因此，规章制度中应体现道德规范，道德规范中也应包含规章制度。只有良好的规章制度，才能引导从业者的职业道德行为朝着一个统一的符合管理者需要的职业道德方向发展。

三、制度执行中彰显职业道德

企业制度的设计和制定，最终都在落在执行上。因此，企业在制度执行过程中，应通过企业组织整体和企业职工个人的职业行为，以制度为依托，在顾客群体以及全体社会成员中，彰显职业道德的人文关怀和情感魅力。在制度执行过程中彰显职业道德，具体体现为两种情况。

（1）严格按照既定的规章制度，规范企业及其职工的职业行为。依靠企业职工个人良好的职业道德素养并结合自身独特的气质和魅力，从而使顾客群体感受到职业道德的温情关怀。

（2）根据不断变化的市场形势，创造性地执行制度，并在创造性执行过程中，企业及其职工的职业道德境界得到进一步提升。制度是用来执行的，可操作性强，就会成功。但是，制度也要把握一个度，过宽或过严都会失误。"不审势即宽严皆误，后来治蜀要深思"，成都武侯祠的这副对联的下联说的就是这个意思。高压下强制推行貌似很好，但会留下后遗症，制度的执行必须考虑环境的影响，注意制度的适应性。

第六章　企业文化的塑造与创新

第一节　企业文化的塑造

塑造，《现代汉语词典》（第5版）对其有两个解释：一是用泥土等可塑材料塑成任务形象；二是用语言或其他艺术手段表现任务形象。企业文化塑造内涵丰富，外延宽泛，因此本书旨在结合塑造的原意，在特有的企业环境和文化前提之下，对企业文化塑造进行一个界定。

一、企业文化塑造的理论基础

企业文化的塑造与企业管理密不可分，更确切地说，企业文化的塑造就是企业管理的一个重要组成部分。理论源于实践，人类从群居时代就开始学习和实施管理，在漫长的历史中，在丰富的实践中，在各行各业中，形成了丰富的管理思想，指导着企业文化的塑造。

1. 古典管理理论时代

在这一阶段，最具影响力的理论无疑是科学管理理论和组织管理理论，前者的代表人物是"科学管理之父"泰罗，后者的代表人物有法国管理理论家和企业管理大师法约尔、德国社会学家韦伯和英国管理学家厄威克。

科学管理理论着重研究如何提高单个工人的生产率。它主要包括工作定额原理、标准化原理、能力和工作相适应原则、计件差别工资制四个方面的内容。与泰罗同时代的吉尔布雷斯夫妇和甘特，分别从动作研究、工作简化方面做出了突出贡献。

作为组织管理理论的代表人物，法约尔的主要贡献在于管理职能划分和管理原则归纳上，他是第一个将经营与管理做明确划分的人。他认为，任何企业都存在技术活动、商业活动、财务活动、安全活动、会计活动和管理活

动。①而韦伯则认为等级、权威和行政制度是一切社会组织的基础，他的主要贡献是提出"理想的行政组织体系"理论。厄威克则把科学管理理论与组织管理理论综合为一体，对法约尔理论进行了提炼和概括，展现了古典管理理论的全貌。

2. 行为科学理论时代

行为科学管理理论形成于 20 世纪 30 年代，早期被称为人际关系学说，后发展为行为科学。该理论的主要代表人物是梅奥，他对其领导的"霍桑试验"进行总结，提出了人际关系学说的主要内容，包括工人是社会人，不是经济人；企业中存在非正式组织；生产效率的提高主要取决于工人的工作态度以及他与周围人的关系等重要理论。这些理论开拓了以人的行为和人际关系为中心的新的研究领域，自梅奥之后，行为科学——人际关系学说迅猛发展，在该领域形成了一系列新的学说理论，如马斯洛的需要层次理论，赫茨伯格的激励—保健因素理论，麦格雷戈的 X 理论，亚当斯的公平理论等等。但终因行为科学理论内容庞杂、偏颇极端，否定了传统理论的合理性，忽视了组织管理的全面性，进入 60 年代以后，其主导地位逐渐被系统管理理论取代了。

3. 管理丛林时代

随着经济发展和科学技术的日新月异，经济基础对上层建筑的影响越来越明显。生产力的迅速发展导致社会化生产的程度越来越高，人们对管理理论的重视也越来越明显。这一时期，大量涌现出各种管理学流派，主要包括以亨利、孔茨为代表人物的管理过程学派，以巴纳德为代表人物的社会合作学派，经验和案例学派，人际关系行为学派，群体行为学派，社会技术系统学派，决策理论学派，沟通（信息）中心学派，数学（管理科学）学派和权变理论学派等。

4. 企业文化时代

在比较美日两国企业管理的根本差异中，美国学者提出了"企业文化"这个概念。他们发现美国的企业管理比较重视技术、设备、规章等"硬"的因素，而日本的企业管理则更多强调人、目标、信念等"软"的因素。日本的企业界普遍认为，管理的关键就在于企业培育出全体员工共同的"企业精神"，这个软因素是通过企业对员工的教育和领导的身体力行，通过树立共同遵循的信念、目标和价值观来培育的。它与社会文化有关，但又不是整个社

---

① 安世民，李晓燕，李蕾.企业文化设计与建设[M]. 兰州：兰州大学出版社，2008：3.

会文化，是根植于企业内部同时又反映着企业传统风貌的微观文化，因此被称作企业文化。20 世纪 80 年代以来，西方的企业管理兴起了一股"企业文化热"。

20 世纪 80 年代中期，企业文化理论传入中国。诸多学者翻译和介绍了一批国外企业文化的专著和论文，并结合中国国情，对我国的企业文化建设做出了突出的贡献。企业界也在理论界的指导下，通过与企业界的座谈和研讨，在借鉴国外经验的基础上，结合本企业实际情况，开始了建立具有本企业特色的企业文化之路。企业文化理论的贡献主要在于：第一，对企业组织行为的研究已经提升到了社会文化这一个更高的层次；第二，从对企业内个体研究转变到对企业内员工整体的研究；第三，从硬性的方法制度转变到软硬兼备的管理艺术和技巧。

当前，企业文化已成为经济全球化背景下全人类的共识，在文化时代，企业文化的塑造愈发重要，对于中国的企业，尤其是有行业背景的企业来说，企业文化的塑造任重而道远。

二、企业文化塑造的社会文化

企业文化发展于企业根植的社会之中，中华民族历史悠久，文化丰富，深厚的文化内涵孕育了丰富的中国企业文化。在当前建设有中国特色社会主义市场经济的大背景下，我国特有的社会文化必将对企业文化的塑造产生深远的影响。

1. 中国文化的主要内容

（1）儒家思想是中国文化的主流，它讲求"礼治"、"德治"和"人治"。儒家思想对企业文化的借鉴和启示主要表现在以下方面：

① 入世有为。企业是社会的重要组织之一，企业文化的核心是企业价值观，赢利是其主要目的但绝不是唯一目的，更高的企业核心价值观在于追求为社会创造价值和财富。"以天下为己任，关心社会、奋发有为"是儒家思想的精华，是中华民族的优良传统，几千年来已经深植于人民心中。企业以其产品来服务于他人，服务于社会，进而赢得利润。让企业员工和社会认同这种精神，鼓励员工以为社会创造价值为荣，这既符合了民族文化传统，又遵循了企业成长的规律，必将为企业的经营和发展带来极大的推动。

② 以人为本。企业文化不同于传统管理理论的特点之一就在于以人为本。将"人"和"物"的管理有机地结合起来，因为人既是经济人，也是社

会人，还是文化人，是社会生产力中最活跃的因素。企业文化的塑造，必须从人开始，重视人的价值和人格，最大限度地开发企业的人力资源。

③ 为政以德。我们经常在问，是谁造就了企业文化？众多实践证明，企业的最高领导者造就了企业文化。领导者伟大的人格魅力，高尚的道德水平，是企业文化成功的关键。从这个意义来说，塑造优秀的企业文化，首先必须要求领导者"为政以德"。企业领导者自身所迸发出的强大的人格魅力在运筹决策、组织管理、使用人才以及调节企业人际关系时，更便于调动公司员工的凝聚力。"为政以德"的思想从两千年前延续至今，反映了中华民族文化的传统，"得民心者得天下"，儒家这一思想精华对于我们制定企业文化战略时的基本定位问题有很好的启示。

④ 以礼治企。中华民族，礼仪之邦，"礼"的重要意义在于要求人们通过加强修养，自觉地约束自己，达到人际关系的协调。作为现代企业，同样需要建立自己的"礼"，内化表现为企业人际关系、精神风貌、风俗习惯、行为准则等，外显为知名度、美誉度、形象、品牌、礼仪等。我们有得天独厚的传统民族文化优势，在我国开展企业文化的塑造，完全可以深挖"礼"的合理内核，形成本国特有的企业文化。

（2）在主流文化的影响之外，中国传统文化中的释道精神和宗法家族制也对企业文化的塑造产生着巨大的影响。其中，释道精神对企业文化的借鉴和启示在于：

① 持续发展。佛学讲究因果报应，存在就是一连串的因果所致，种什么因就会有什么果。一个企业也一样，选择什么样的发展观必然会产生什么样的发展前景。例如，靠高污染高消耗的发展模式现下已行不通，都要付出惨重的代价，走科学的可持续发展的道路才是明智选择。

② 经世济众。佛教蕴含的一种积极向上的精神，就是为自己和别人解脱痛苦。佛教根本上是兼济天下而非独善其身，要求把自我拯救建立在每个人的努力并引导众生的共同努力基础上。一个优秀的企业，应该吸纳经世济众的精神，把强烈的社会使命感作为企业追求的终极目标。

③ 众生平等。佛教教义不要求人绝对服从于某种意志或力量，在佛教中，没有创世者与被创造者，没有领导与被领导，而是先觉与后觉、师与徒的关系。众生平等应该作为企业文化的基本精神之一，企业内部员工应平等相待。企业的创立者在获得尊重和地位的同时并非是绝对的神圣，他应该为企业寻找到生存和发展途径，并引导企业进一步发展。企业的各级领导者是各级团队中具有不同分工承担不同任务的普通一员，领导者不是带领团队去执行他

的决策和定义，而是与团队成员一同去实现大家所认可的工作目标。每位员工都有权利和义务去定义所属团队的目标，也有权利去否决他所在团队的工作目标。在优秀的企业文化里要突出每位员工无论资历深浅、能力大小，只要自己不断努力，都有可能成为领导的观念。

④ 弃恶从善。"诸恶莫作，众善奉行"是佛教的基本主张，佛教精神对应于企业文化而言，弃恶从善的意义在于员工本质无好坏之分，本性无善恶之分。在塑造企业文化时应充分考虑员工从善的根基，并引导员工主动弃恶。同时，善恶是可以转化的，对于曾经"恶"的员工不是简单摈弃，而是努力帮助教化。对于参加"善"的员工不能盲目信赖，松懈对其管理和教化。同时，要根据企业员工的善恶行为现象，从企业文化自身去寻找根源，对于能够带来好现象的文化精神要发扬，对于能够带来不好现象的文化精神要抛弃，并且注意在企业文化里应包含更多的宽容精神和引导观念。企业应渗透褒谴、奖罚的道德和制度体系，让因果报应说在企业文化里具有全新内容而得以提升到新的高度。

⑤ 重智尚真。员工的主观能动性是企业永葆青春的法宝，重智尚真对于企业文化的价值，显然不在于其"万法唯心"的主张，而在于重视人的主观能动性，以及不为事物表象所迷惑，崇尚真理、质问权威的精神。敢于对企业已经形成的企业文化挑战，是企业文化中重智尚真的重要体现。

实践证明，很多佛教信仰者以特有的佛教精神为人处事，在政治、经济、文化以及自然科学方面做出了杰出贡献。在现代企业经营管理方面，同样有很多人借助佛教精神建立起特有的企业文化，为企业在激烈的市场竞争中，谋求自身的独特魅力，为打造百年老店奠定深厚的企业文化基础。

宗法家族制对企业文化的借鉴和启示在于：

过去长期的专制统治形成了中国人特别严重的内耗特点和防范心理，但它也强化了中国人的家族意识，迫使人们从内寻求支撑，以血缘关系为最基本的纽带，渗透到家族资本的运作特征中去。这种影响在家族企业中反映尤为突出。中国人在本土以血缘为纽带抗拒天灾人祸，而在国外，上无片瓦，下难立足，就只能以血缘纽带求生存发展，由此形成海外华人独特的家族世袭管理模式。

2. 中国文化的突出特质

中国文化博大精深，综合我国学者的研究认为主要体现为天人合一、中华一统、民为邦本、重义轻利、平均平等、贵和持中、群体之上、舍生取义、正直道行、自强不息这十个特质。

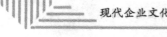

3. 中国文化的时代特征

（1）经济全球化。

信息技术迅猛发展成为基础，金融手段科学化，市场经济产生了客观成果，英美等发达国家的积极推动是经济全球化背景下重要的时代特征。

（2）经济体制转轨。

竞争与互利观念深入人心，市场配置与政府配置的矛盾突出，区域经济发展不平衡，收入差距逐步拉大，管理专业化刚刚起步是经济体制转轨期的主要表现。

（3）平等法制。

法制逐步健全与执法不严并存，法与权、钱、情的斗争加剧，社会生活成本较高，反腐败力度逐步加大，构建和谐社会成为共识是平等法制的时代特征的体现。

（4）信息时代。

知识大爆炸，沟通极大丰富化，知识资本迅速升值，创新成为市场竞争的基本途径是信息时代的特征。

（5）文化时代。

文化居于社会中心地位，成为了产业的决定因素，精神消费成为行为的出发点和归宿。

第二节 企业文化塑造的影响因素

1. 民族文化

对人的管理是现代企业管理的核心，员工既是企业文化的主体又是社会成员的一部分。在他们创办或者进入企业之前，已经长期受到社会文化的熏陶，将自身所受的民族文化带入企业也就顺理成章了。而且由于其作为社会人的性质并未改变，他们将继续承受社会民族文化传统的影响。因此，要把企业管理好，绝不能忽视民族文化对企业文化的影响。无论是从理论还是从实践上来说，建设有本民族特色的企业文化，都是企业管理所要面临的问题。根植于民族文化土壤之中的企业文化，促使企业的价值观念、行为准则、道德规范等都深深地印上了民族文化的烙印，民族文化对企业的经营思想、经营方针、经营战略及策略等也会产生深刻的影响。同样重要的是，企业是社

会的一部分，为了适应社会，成功经营和发展，还要努力去适应民族文化环境，去迎合特定民族文化环境下民众的心理状态，否则企业生存将陷入危机。当然，优良的企业文化也会对民族文化的发展起到积极的推动作用。

2. 制度文化

制度文化，包括政治制度和经济制度，这是企业文化的又一重要组成部分。在政治制度方面，我国实行的是以工人阶级领导的、以工农联盟为基础的人民民主专政的社会主义制度，这是社会主义初级阶段的国体。在经济制度方面，我国正在建立和完善社会主义市场经济体制，这是当前我国的基本经济制度。独特的政治制度和经济制度决定了我们要建立具有中国特色的企业文化，同时也为我国企业文化发展提供了广阔的生存和成长空间。我国的国有企业，只有充分保证工人阶级的主人翁地位，使广大企业员工当家做主，才能形成强大的内聚力。所有企业都必须重视充分发挥社会主义制度的优势，深入研究我国当前的政治和经济体制，建立具有中国特色的企业文化。

3. 外来文化

对于特定企业而言，从其他国家、其他民族、其他地区、其他行业、其他企业引进的文化都界定为外来文化，并且都会对该企业文化产生一定的影响。世界市场的融合和全球经济一体化的进程加快，各国间经济关系日益密切，不同国家之间在文化上的交流和渗透日益频繁。中国实行改革开放以来，从西方发达国家引进了大量的技术和设备，在引进、消化、吸收外国先进技术的同时，也引进了国外的文化，这些都会对我国企业文化产生不同程度的影响。国外文化因素的作用是错综复杂的，必须进行综合深入的研究才能够探讨清楚文化因素上的这种影响。从国内其他民族、地区、行业或企业进行技术转移的过程中，也会对一个企业的企业文化产生影响。在经受外来文化影响的过程中，必须根据本企业的具体环境条件，有选择地加以吸收、消化、融合外来文化中有利于本企业的文化因素，警惕、拒绝或抵制对本企业不利的文化因素。

4. 行业文化

不同行业的企业文化特点是不一样的。从大的方面来说，可以分为第一产业（农业）、第二产业（工业）、第三产业（服务业）；每个行业还可以进一步细分，比如工业可以分为电子工业、化工工业、机械制造业等。由于各个行业在管理模式和要求上存在很大差异，所以企业文化也必然存在差异。

5. 区域文化

不同地域有着不同的地理、历史、政治、经济和人文环境，必然产生文化差异。地域性差异是客观存在的，无论不同国家还是同一国家的不同地区，都存在很大差异。

6. 个体文化

个体文化指的是企业领导者及员工的思想素质、文化素质和技术素质。企业全体员工在长期的生产经营活动中培育形成并共同遵守的最高目标、价值标准、基本信念及行为规范构成了企业文化，因此企业员工队伍的思想素质、文化素质和技术素质直接影响和制约着企业文化的层次和水平。个人文化因素中，企业领导者的思想素质、政策水平、思想方法、价值观念、经营思想、经营哲学、科学知识、实际经验、工作作风等因素对企业文化的影响是非常显著的，甚至其人格特征也会有一定的影响。这是因为企业的最高目标和宗旨、企业价值观、企业作风和传统习惯、行为规范和规章制度在某种意义上说，都是企业领导者价值观的反映。因此，要建设好企业文化，选择一个好的企业领导者是至关重要的。无疑，当企业主要领导者更换时也会对企业文化的稳定性产生一定的影响。

第三节　企业文化塑造的意义

一、打造企业品牌，提升企业知名度和美誉度

有人说："名牌的品位一半是物质，一半是精神。"市场竞争不仅仅是物质因素的竞争，还有精神文化因素的较量。企业文化是品牌塑造提升的源泉和动力。在今天，物质已经发展到一定的程度，起决定性作用的往往是精神文化因素。一个注入了高品位文化含量的品牌，带着文化色彩去参与市场竞争，不仅能引起消费者产生美好的联想，而且能够与消费者形成共鸣，激发消费者心底的情感，从而为品牌增加震撼心灵的魅力。一个没有企业内在文化内涵的品牌是难以持久的，企业也很难做到基业长青。文化传统的渗透，在激发人们情感的同时，使得产品从打入市场开始，就对消费者产生了强烈的刺激，迅速从情感上征服消费者，而成为知名品牌。企业文化是一个企业巨大的精神力量，是一个企业实现理想和目标的精神支柱，只有与企业的发

展实践进行优势嫁接，才能真正发挥"文化力激活生产力"的作用。企业文化建设成功与否的关键在于广大干部、员工认同企业文化理念体系，并在实际工作中做到"知与行"的合一。创造积极向上的企业文化氛围，陶冶职工思想情操，增强职工综合素质，树立企业良好形象，这些都是实施品牌战略的多种形式，要在激烈的市场竞争中站稳脚跟，就得让业务发展、形象提升和企业文化塑造齐头并进，最终提升企业的知名度和美誉度。

二、增强员工归属感

以情做人，以诚做事，以信经商是企业要坚持的经营理念，也是全体员工的共同价值观。尽心尽力的风险精神、艰苦奋斗的创业精神、敢打硬战的拼搏精神、顾全大局的协作精神、为企业分忧的主人翁精神是企业的核心理念必须坚持的五种精神。办好社会主义企业，必须全心全意依靠工人阶级，必须确立职工的主人翁地位，这样才能增强职工的责任感、使命感和自觉性、积极性、创造性，这是社会主义企业文化最本质的特征。职工参与意识的树立和企业民主管理的加强，是确立职工主人翁地位的重要途径，有利于增强员工归属感。

三、实现企业家的自我成就

自我实现是企业家的最高成就，企业家通过承担社会责任、关注慈善事业、善待企业员工、依法诚信纳税、学会享受生活等实现其自我价值。然而，这一系列的行为都与企业文化密不可分，对企业文化的塑造直接影响着上述行为。

四、丰富社会文化

企业文化是基于民族文化、社会文化的根基之上的，任何先进的企业文化如果不能与当地文化相结合，它就会水土不服，忘记传统企业文化的精华，结果只能以失败告终。我们可以看到企业文化作为一种文化形态，它相对于社会主流文化而言是一种支流文化。创新根植于社会文化创新，却又不同于一般的社会文化创新，它源于社会文化创新又区别于社会文化创新，应该说它只是一个微观的社会文化创新。所以说，企业文化的塑造对丰富社会文化发挥着不可小视的作用。

第四节　企业文化塑造的途径

一、企业文化塑造的原则

1. 个性化原则

千篇一律、千孔一面的局面不是企业文化塑造所要追求的境界，每个企业的组织形式、生产过程和服务过程的许多方面都不同于其他企业，在企业文化的塑造过程中，既要借鉴、吸收其他企业文化的优良之处，又要有所突破。要突出本企业的特色，体现企业的行业、地域、历史、人员等方面的特点。员工感到本企业的文化的独特魅力，既与众不同又倍感亲切，对于企业文化的塑造来说是至关重要的，这就要求企业文化的塑造绝对不能照搬照抄，不能缺乏个性。

2. 社会性原则

企业存在的社会价值，在于它能够为社会提供产品和服务，满足人们物质生活和精神生活的需要。企业作为一个社会组织，存在与社会之中，企业的发展与社会息息相关。坚持企业文化塑造的个性化，绝对不是要脱离社会环境，企业文化的塑造同时还要遵循社会性原则，但这不等同于企业盲目地迎合公众，应该围绕"顾客第一"的思想，同时，还要体现服务社会的理念，树立良好的公众形象，顺应社会历史大潮，才能促使企业的可持续发展。从根本意义上说，企业文化是一种经营管理哲学，具有导向性，可以指导员工的行为。把社会性原则放入企业文化建设原则之中，就是使一切经营围绕顾客来展开，完成企业的社会使命。

3. 历史性原则

文化之所以称之为"文化"，一定是经过长期的沉淀的。对于企业文化，没有沉淀就没有厚度。企业文化必须符合企业的发展规律，它离不开我们的文化传统，也无法与企业的历史完全隔开。不断地对企业的历史进行回顾，实际上就是对企业文化的塑造和不断完善的过程。每个企业都有其特定的发展经历，会形成企业自身的许多优良传统，在企业的历史长河里不断寻找员工和企业的优秀精神，并在新的环境下予以继承和发扬，形成企业特有的醇厚的文化底蕴，这些无形的理念已经在员工的心目中沉淀下来，影响着平时

的各项工作，对企业现在和未来发展都具有积极的作用。因此，我们提炼企业文化时必须尊重企业历史。

4. 前瞻性原则

企业文化需要随着时代的发展而不断变化和更新，一成不变的企业文化因无法适应社会的发展，终究要被淘汰进而影响到企业的长远发展。所以，企业文化的塑造不是原地踏步，而是顺应时代的要求，不断调整更新。企业文化不仅需要塑造，还需要完善。当今社会，企业之间的竞争是残酷的、综合的，持续的，企业只有长远的考虑才能赢得生存，企业只有站得高、看得远才能帮助企业赢得生产、销售、服务到管理的全面胜利，达到企业的可持续发展。企业要不断发展，必须面向未来、面向新的挑战，而企业文化是指导企业发展的重要因素。因此，注重企业文化的前瞻性，无疑会对企业有益。企业文化要着眼于企业发展的方向，提出先进的、具有时代性的文化建设方向，才能对企业的战略起到推动作用。

5. 一致性原则

企业文化的理念层、制度层、行为层要体现它的管理理念，三个层次要共同为企业的发展战略服务，因此决定了企业文化是一个庞大、完整的管理体系。企业文化的理念层指引和包含着企业的最高目标；企业文化的行为层是这一目标的外在表现；而企业文化的制度层是使最高目标得到贯彻实施、强化行为的有力保证。显而易见，不符合最高目标的制度和行为将阻碍企业文化的发展。一致性原则最为核心的问题是企业文化与企业战略要保持一致，理念与行动要保持一致。企业文化的一致性表现在企业目标、思想、观念的统一上，只有在一致的企业文化指导下，才能产生强大的凝聚力。

6. 可操作性原则

企业文化着重解决企业存在的问题，并不是做给别人看的"形象工程"。塑造企业文化的过程，就是企业发现自身问题、解决自身问题的过程。企业文化塑造的成果要起到改善企业经营效率、凝聚员工的作用，从而引导员工的工作方向、约束员工的工作行为、实现企业的战略目标。搞花架子和空洞口号是不可操作的企业文化，这些空中楼阁对企业经营管理毫无促进作用，还会隐藏企业的目标，阻碍企业的发展。在提炼企业文化时，必须强调文化的实用性和可操作性，确保从现实出发，又略高于现实工作，对各种业务工作有实际的指导和促进作用。

二、企业文化塑造的关键环节

1．扬弃传统

中华文化源远流长，对整个人类文明产生了深远的影响，也培育了企业文化。内涵极其丰富的中华文化对我国企业文化建设有积极意义的主要是以下传统观念：

（1）入世精神。积极地关心社会现实的人生态度，入世精神构成了我国企业文化拼搏向上的基调。

（2）伦理中心。重视维系人际关系的伦理纽带，有利于社会关系的稳定与和谐。这是中华民族重视伦理的道德传统在社会主义企业中的突出表现，也是我国企业文化中的优势文化。

（3）重义轻利。重义轻利的义利观，是中国几千年的传统观念之一。

（4）中庸之道。中庸是中国民族文化中一个十分重要、独具特色的观念。把握中庸之道的思想实质，对于体现管理的艺术性、建设优秀的企业文化是必不可少的。

（5）重视名节。与重义轻利密切相关的中国民族文化的另一个特点是重视名节，重视精神需要的满足。

（6）勤俭传统。勤劳节俭是中华民族的传统美德。

（7）廉洁意识。廉洁意识，在社会主义时代，与为人民服务思想相结合，升华为一种高尚的公仆意识，注入到企业文化的传统之中。

（8）家庭观念。在中国几千年的历史中，家庭伦理是社会伦理的基础，家庭观念被推而广之，渗透到社会关系的各个领域。从某种程度上讲，家庭观念是我国企业文化内容中又一个独具特色的优势文化。

（9）任人唯贤。在改革开放潮流推动下，企业在各级主要干部的选拔任用上，普遍试行"招聘制"。

（10）辩证思维。一些企业家，结合唯物辩证法，运用于企业的生产经营活动中，取得了出色的成绩。

2．升华现实

企业目前的文化，是过去文化积淀的结果。对现有企业文化的清醒认识，是升华企业文化的前提。美国学者托马斯·彼得斯认为，优秀企业文化应该具有这样的特征：贵在行动、紧靠顾客、鼓励革新、容忍失败、以人促产、深入现场、以价值观为动力、不离本行、精兵简政和辩证处理矛盾这十个特点。企业文化作为一套管理体系，只有把企业文化与实际情况结合起来，才能判断它是否对企业发展有促进作用，而不是单纯从内容上评价其先进还是落后。评判企业文化最好的办法是从企业运行和经营结果上来判断。在得出企业文化的分析结果后，要根据现有水平和未来需要，着手企业文化的设计和变革，在原有基础上提升企业文化水准。在分析文化现状时，不应割断历史，而应对企业过去的优良传统加以总结、继承和发扬，使它成为企业文化设计的重要依据。

3. 把握未来

对企业未来文化的把握，主要是指企业文化要与企业战略发展相一致，要与社会发展相一致。公司战略的目标定位、战略选择都会对企业文化产生一定影响。企业家需要结合自身的战略目标和对未来竞争态势的判断，进行相应的企业文化塑造。理念层设计是塑造企业文化的关键，企业家要注意企业愿景塑造，即对企业理想或共同目标的设计，这表明企业全体员工的共同追求；注意企业宗旨塑造，即对企业使命或企业责任的设计，它表明企业存在的价值和对各方面的责任义务；注意对企业核心价值观的塑造，即企业的共同信念或信仰，它是大家都认同的对人、对事、对物的价值判断标准；注意对企业精神塑造，即企业为实现共同愿景必须具有的群体精神风貌，企业精神的塑造要体现企业未来的定位，更好地塑造企业未来的公众形象；注意企业哲学塑造，即对企业发展动力的哲学思考，表明企业靠什么安身立命，反映的是对企业动力的思考过程；注意企业经营理念塑造，即企业对经营活动的基本思考，必须从企业战略出发。

三、企业文化塑造的艺术

企业文化是一个有层次的体系，虽然它的内部结构相对固定，但所含内容千差万别，这也是企业文化的魅力所在。在企业文化的设计中，要有所侧重，有所取舍，整个过程要讲究几点重要艺术。

1. 全方位观念整合

实行基于价值观的管理，关键在于塑造共同价值观，难点在于企业的全方位观念整合，也就是将企业价值观变为全体员工的共同价值观。企业价值观变为员工群体的共同价值观，最主要的方法就是进行教育和培训。塑造相应的企业文化，形成共同价值观的支持系统也是不可缺少的工作。企业制度对共同价值观的影响作用很大，存在决定意识，不同的制度强化不同的价值观。企业内部的管理制度，对员工来讲是外加的行为规范，它与内在群体价

值观是否一致，可以说明企业家是否真正确立了文化管理观念。

2．准确定位共同价值观

在企业价值观念体系中居于支配地位的核心价值观是企业最重要的价值观念，确立核心价值观就成为实行基于价值观的管理的第一步。核心价值观以及以它为主导形成的企业价值观体系，要根据环境、企业使命等的需要不断进行调整和变革。

3．个性化语言概括

企业文化要防止照搬其他企业的理念，企业的个性文化，既起到了对内统一理念的作用，也起到了对外扩大宣传的作用。理念体系的提法必须简洁、凝练。

4．科学总结行为规范

行为规范，就是通过企业理念、企业制度和风俗长期作用形成的员工的自觉行为。这种共同行为将使内部沟通和协调变得很容易，对于增强企业凝聚力、提高企业运行效率都有很大帮助。

四、企业文化的层面塑造

1．物质层面塑造

企业物质文化，涉及产品、品牌、广告、企业标识等内容。企业物质文化的首要内容是企业的产品和服务，其次是企业创造的工作环境和生活环境、企业建筑、企业广告、产品包装与设计等等。企业的物质文化直接影响着顾客的感性认识，进而决定顾客对该企业的优劣判断。它是一种以物质为形态的表层企业文化，是企业行为文化、精神文化和制度文化的显现和外在结晶。

（1）企业的产品。产品是指人们向市场提供的能够满足消费者或用户某种需求的任何有形产品和无形产品。它包括四个层次：核心产品，具体指产品的实质层，为顾客提供最基本的效用和利益；期望产品，这是产品的第二个层次，即购买者购买产品时期望的一整套属性和条件；形式产品，指产品的形式层；附加产品，指产品的扩展层。对企业产品的打造，要求不仅要通过高品质劳动把设计变为具有使用价值的物品，还要具有文化价值。企业的产品战略应该与企业文化塑造结合起来，实现企业产品形象和企业形象的统一。在企业产品生存中，应当遵循"品质文化"的原则，强调企业产品质量标准和卓越品质。努力实现产品物质功能和精神功能的统一，让现代的消费者在购买到一件商品的同时，不仅仅只购买到商品的物理功能或效用，也不仅仅是为了取得商品的所有权，更是为了通过购买商品获得一系列心理的满足和精神的愉悦。遵循顾客愉悦的原则，是企业通过产品、商店和广告等途径，与消费者建立一种愉快的关系。从企业文化的角度来说，产品不仅是一个特质实体，还是顾客所期望的使用价值、审美价值、心理需求等一系列利益的满足。

（2）企业的品牌文化。把企业的品牌文化放在企业物质文化的范畴来讨论，是因为品牌文化是企业物质文化的重要内容。品牌是一种复杂的象征，它的含义分为属性、利益、价值、文化四个层次，最持久的含义是其价值、文化和个性，它们构成了品牌的实质。高度品牌化资产能够为企业带来极大的竞争优势。由于消费者的品牌知晓度和忠诚度很高，拥有品牌资产的公司可以节省大量的市场营销费用，因为消费者愿意购买公司的产品。科特勒认为，实行品牌化战略具有以下好处：第一，品牌和商标对企业的产品提供法律保护，许多消费者还将品牌和产品的特点有机地联系在一起，这有助于防止假冒和仿制；第二，良好的品牌有助于建立企业形象，品牌上有公司的名称和徽记，从而起到宣传公司的作用；第三，品牌化为企业提供了吸引忠诚顾客的机会，而品牌忠诚也使企业在竞争中受到保护，进而在制定市场营销战略时具有较大的控制力；第四，品牌化有助于专业细分市场，并能赢得更多的顾客。品牌的打造需要注意以下四点：第一，品牌名称应该易读、易记；第二，能够使人联想到产品的某些特征或性能；第三，应该表现出品牌的与众不同；第四，在不断提升含金量的同时要积淀厚重的企业文化。然而，品牌并不是树立了就一劳永逸的，同样需要管理。同时，广告、标识、公关关系和营销都和品牌的树立有密不可分的关系，甚至可以说起着至关重要的作用，因而也要注意做好这些方面的工作。

（3）企业的环境。企业的环境分为工作环境和生活环境，它是企业物质文化的重要组成部分。企业工作环境的优劣，直接影响企业员工的情绪和工作效率。国内外管理专家们认为有六个方面需要注意：一是运用色彩调节优化劳动环境；二是使用音乐调节环境；三是保持清新的空气、适应的温度和照明度；四是控制噪音；五是设备的设置舒适便于操作；六是要有安全的保障。对于企业的生活环境建设，应该从居住条件、环境卫生、服务设施、绿化等方面去考虑。

2. 行为层面塑造

人的行为是受心智模式支配的，心智模式又是不易觉察和难以改变的。

如果人们仅仅被动地顺从行为规范，就不足以真正改善行为。只有转变心智模式，树立高尚的内心标准，才能使良好的行为成为自身的需要。因此，我们提倡行为文化塑造。

（1）人性矛盾的飞越。企业行为文化建设不能脱离人性的特点而盲目进行，其根本法则是认清人性的矛盾，承认此种矛盾的客观性与合理性，并力求矛盾的统一，使人成为具有明确而强烈的追求，并以此促使人们自觉改善自身行为。在处理人性矛盾的时候，要注重这样的五对矛盾：一是才能的矛盾，企业的员工大多认为自己是优秀的，至少是中上水平，那么对指标的定位就显得至关重要，即把指标或定额定得低一点，让人人都能够完成，这就促使人们想到自己的成功，对之后的工作更有干劲。二是主观与客观的矛盾，促使人改变行为的因素不仅有环境动力，还有内心动力。企业行为文化提倡利用环境来驱动人的自我能动性，努力调整环境和内心动力，使两者方向趋于一致，因而产生良好效果。三是思维的矛盾。人的思维分为抽象思维和形象思维。不少管理学家建议根据思维内部的矛盾和企业管理本身的特点来确立管理方法。企业应该大力发展体现右脑特性的管理方法，即充分考虑人性中感情的一面，精心培育人的直觉和创造性，关心人高于关心数据，为员工提供最佳的机会，为员工创造出一个追求出类拔萃的良好环境。四是言行的矛盾，首先要鼓励实干，其次要善于总结，再次要以身作则。五是人的价值的矛盾。如果一个组织能够使员工感到工作和生活有意义，那么也就成功地实现了文化的管理。许多优秀的企业家利用员工追求生命的价值这一动机来实现企业目标。企业文化不优先强调厂房设备，而优先强调人的塑造和培训，使人们形成优良的行为模式，养成良好的行为习惯，树立良好的行为风尚，创建优秀的行为文化，非此则不足以创建优秀的企业文化。

（2）素质局限的超越。行为的优化取决于素质的提升，当代企业文化的原则是"以人为本"，这就要求在工作和生活中，时时、处处真正地尊重人，充分地依靠人，完美地塑造人，热情地服务人，企业的一切生产经营活动都以人为中心展开；其中包括充分发展人的素质。

（3）行为培训的跨越。行为改善的前提是重视人的价值，包括重视人在企业经营和发展中的决定作用，并把如何利用人的积极性和能动性作为管理的出发点，以此提升企业人素质，进而搞好行为文化建设。综合国外许多企业在员工培训方面的做法，大致都具有法制化、机构化和综合性的特点。行为培训是一种理论和实践并重的方式，它运用一切有益的行为改善技巧，旨在推动员工的职场表现与发展。同时，企业行为文化的塑造，不应忽视民族传统文化背景。《大学》中指出，古人要想使天下人都能彰显自己的德性，先

要治理好自己的国家；想要治理好自己的国家，先要治理好自己的家庭，因而先要修身、正心，即物穷理。这些思想，堪称行为文化建设的精髓。

3. 制度层面塑造

（1）企业规章制度的设计。企业规章制度是指企业为保证生产经营管理的秩序而制定的成文的工作规程，即一般制度和特殊制度，不包括企业风俗。其中，一般制度是指企业内部各级组织、各类工作人员的权力及责任的规定。特殊制度主要是指企业的非程序化制度。企业规章制度最集中地体现了企业理念对员工和企业组织的行为要求，是企业行为识别系统的重要内容。

设计企业的规章制度，应该遵循企业理念充分传达、把握企业实际需要、分清制度主次、相互兼顾、整体协调、刚猛相济、宽严有度、条理清楚、简明实用的原则。

工作制度的设计主要包括企业分配制度设计、激励制度设计、教育培训制度设计、职代会制度设计等方面。在进行企业分配制度设计时，应该首先明确社会主义初级阶段分配制度的特点，掌握市场经济对企业分配制度的具体要求，以此来指导企业的分配制度设计。在进行激励制度设计时，应该首先明确建立激励制度的目的，再来设计企业激励制度的目标模式，要求做到企业目标与员工个人目标相结合，重视物质激励和精神激励相结合，内外激励相结合，正激励与负激励相结合，设计激励的体系和机制，重视物质激励的同时也不要忽视精神激励。例如，目标激励、形象激励、工作激励、荣誉激励、兴趣激励、参与激励、感情激励、榜样激励就是很好的精神激励模式。在做好激励制度设计的同时，也要注重惩罚制度的设计，实际上，惩罚是一种负激励，如何搞好惩罚措施，是企业管理中的重要问题。在进行教育培训制度设计时，要认识到员工队伍素质对现代企业文化塑造的重要性，制定培训目标系统化、工作经常化、内容丰富化、过程阶段化和形式多样化的培训目标模式，丰富员工教育培训的内容。

责任制度设计是基石，企业文化变革是一场思想观念领域内的没有硝烟的战争，而规范化管理是实质，要求从企业生产经营系统的整体出发，对各环节规范要求，并严格地实施这些规范，以使企业协调统一地运转。

（2）员工行为规范的设计。企业员工应该有一些共同的行为特点和工作习惯。共性的行为习惯越多，内部的沟通和协调越容易实现，对于增强企业内部的凝聚力、提高整个企业的工作效率越能够产生积极的影响。在对员工行为进行规范设计时，应该首先明确主要内容，包括仪容仪表、岗位纪律、工作程序、待人接物、环境与安全、素质修养等方面的内容。根据企业运行

的基本规律，并参考很多企业的实际，无论是什么类型的企业，从以上几个方面来对员工提出要求，是必不可少的。当然，在设计的过程当中，应该遵循科学的原理，这主要体现在六大原则上：一是合乎法理性原则，二是一致性原则，三是针对性原则，四是普遍性原则，五是可操作性原则，六是简洁性原则。

（3）管理模式的设计。不同的企业选择了不同的管理模式，要明确影响企业管理模式的因素主要是企业核心价值观、工作形势和劳动结构、员工的群体结构和差异性、企业的组织形式和一体化程度、管理智能中控制智能的比重和方式、分配方式和报酬标准、冲突的宽容度、风险承受度和系统的开放度。同样，在对管理模式的设计过程中，也要遵循相应的原则。文化管理认为人是首要的因素，应该成为企业管理的出发点和归宿。因此，对内要尊重员工、关心员工，千方百计调动员工的内在积极性、创造性。对外，要以客户用户为中心，关心用户需求，时时刻刻为用户着想，树立"用户至上"的观念。以企业共同价值观为标准，与企业制度相适应，因地制宜，不断完善。

（4）企业风俗的设计。企业风俗在萌芽和形成的过程中，受到来自企业内外的复杂因素的影响。这些因素对不同企业风俗的影响角度不一样，但都不同程度地发挥着各自特有的作用。民俗因素、组织因素、个人因素都会对企业风俗产生极大的影响。企业风俗的设计，必须与社会风俗相适应，才能被广大用户和企业员工所认同和接受，因此具体要做到合理确定企业仪式、典礼，培育自身良好风俗，并因地因时不断更新。

4. 精神层面塑造

（1）企业目标与愿景的设计。目标是组织或个人在一定时期内通过努力而希望获得的成果。企业目标是指在一定时期内，企业生产经营管理活动预期要达到的成效或结果。愿景是指我们想要的企业的未来形象，它可以指出企业的生存领域，可以指出企业未来一段时间应该成为什么样的企业，它能促进企业资源产生整体感并对未来的前程达成共识。环境分析是企业目标与愿景设计的基础，设立最高目标和目标体系，必须根据企业的使命和最高目标，并结合内外环境和条件，相应地构建出由各个方向的奋斗目标组成的合理的多目标体系。

（2）核心价值观设计。核心价值观设计是企业精神层面塑造的关键。美国管理学家彼得斯和沃特曼指出："我们研究的所有优秀公司都很清楚它们主张什么，它们所要建立和形成的便是一种企业价值标准。"所谓"企业核心价

值观",是指在企业的价值观体系中处于核心位置的价值观,它决定了企业价值观的整体走向。因此,对企业核心价值观的塑造,要掌握好企业个人价值观、企业家价值观这两个影响因素,与企业最高目标相吻合,以社会价值观相适应,以企业家价值观为主导,与员工价值观相适应。

(3)企业哲学设计。企业哲学的设计要以企业哲学的来源为基础。企业家自身的哲学思维,特别是世界观、人生观和价值观,企业英雄模范和优秀群体的世界观、人生观和价值观,多数员工共同的思维和世界观、人生观和价值观,社会公众的世界观、人生观和价值观等哲学思维及其他企业的经营哲学构成了企业哲学的来源。因此,对企业哲学的塑造,要重视对员工世界观的规范,加强对员工的思想教育,树立竞争忧患意识,强化员工的责任感、危机感和使命感,以创造学习型企业为契机,加强创新意识教育,树立员工正确的价值观,培育员工敬业爱岗精神。同时,企业哲学的塑造还要体现企业的价值观,服务企业目标的实现。

(4)企业宗旨的提炼。企业的宗旨是企业文化精神层面的指引,它不是孤立的企业理念,而是在企业哲学指导下,为实现最高目标而制定的企业方针和政策,是最高目标和企业哲学在企业社会义务方面的具体反映。对内,它是为履行企业的社会职责而对全体员工发出的总动员,是引导和规范企业及员工行为的强大思想武器;对外,它是企业向社会发出的宣言,是引导消费者和社会公众的一面鲜艳旗帜。因此,提炼企业的宗旨对于精神层面的塑造是前提条件的。

(5)企业精神的塑造。对企业精神的塑造,是企业为谋求生存和发展、为实现自己的价值体系和社会责任而从事经营管理的过程中所形成的一种人格化的群体心理状态的外化过程。它经过长期刻意的培育,形成了员工一系列群体意识的信念,综合反映了一个企业所具有的时代精神、基本信念、共同理想、奋斗目标、竞争意识、价值观念、道德规范和行为准则。企业精神层面的塑造,一要体现时代精神;二要体现企业目标和共同价值观;三要以弘扬正气、开拓创新为价值观;四要以爱岗敬业、团结协作为基础。

(6)企业道德的塑造。道德观念是企业干部、员工的重要意识形态。完美的企业文化策划,少不了对企业道德进行科学合理的设计。这就要求企业道德的塑造:一要与社会公德相吻合,文明礼貌、助人为乐、见义勇为、爱护公物、保护环境、遵纪守法,都是社会公德和企业道德共同要求和追求的部分。二要与民族优秀传统文化想适应。三要突出本行业道德特点。所谓"本行业道德",是指职业道德,也就是同人们的职业活动紧密联系的符合职业特点所要求的道德准则、道德情操与道德品质的总和。四要与家庭美德相得益彰。同时，企业道德体系的设计要坚持企业干部、员工上下互动、切实可行的原则。

（7）企业作风设计。企业风气的核心是企业风气在企业经营管理工作中的体现，即企业作风。因此，设计良好的企业作风，是形成健康企业风气、塑造良好企业形象的需要。对企业作风的设计，要求准确把握企业风气，从实际环境出发确定特色，突出企业领导的作用，务实、求真、高效的开展企业作风设计。

第五节　企业文化的创新

一、创新的界定

创新就是"建立一种新的生产函数"，是企业家对各种生产要素进行新的组合，是把一种从来没有过的生产要素和生产条件的"新组合"引入生产体系。创新是开辟人类所未曾有过的、能够充分体现乃至提高人类本质力量的任何事业，是包括创意、创作、创造、创制和创势在内的动态系统。

二、企业文化的创新

1. 企业文化创新的界定

企业文化创新是指为了使企业的发展与环境相匹配，根据本身的性质和特点形成体现企业共同价值观的企业文化，并不断创新和发展的活动过程。企业文化创新的实质在于企业文化建设中突破与企业经营管理实际脱节的僵化的文化理念和观念的束缚，实现向贯穿于全部创新过程的新型经营管理方式的转变。

2. 影响企业文化创新的内容

（1）企业价值观。

价值观的创新既涉及对企业整体的深层把握，也涉及对企业环境变化的重新认识。在企业价值观中，管理哲学与管理思想往往随着企业的成长和对外部环境的不断适应发生变化。优秀的企业文化不仅仅指导企业在积极条件下取得辉煌成果，更重要的是在消极条件下或者是在公司错误连连时，也能克服困难，最终赢得长距离的竞赛。不同企业对自身价值信念各具特色，但都强调企业的社会责任感及其在社会生活中的存在价值，并以此把企业与职工凝聚在一起。积极向上的企业价值观，能使员工把维护企业利益、促进企业发展看作最有意义的工作，从而激发员工极大的劳动热情和工作主动性，使企业的外部适应能力和内部协调能力得到加强，企业也由此获得成功和发展。

（2）企业制度和风俗。

企业制度和风俗创新包括员工和管理者行为规范的调整，企业一些特殊的制度和风俗的设立与取消。任何一个群体都必须有一定的行为准则。员工的思想水平、价值观念、道德标准及性格爱好、行为方式各不相同，所有这些都影响着员工对企业、工作的态度，从而影响着员工的工作效率和整个企业的经营效益。因此，建立企业制度的目的在于协调生产、规范企业活动及员工行为，以提高企业工作效率。各种制度的内容符合国家和地方的各项法律规定，相互之间协调统一，表达准确、清晰、通俗易懂，避免模棱两可和生涩难懂。

（3）企业物质层。

企业标识等物质层的变化多数是为了建立企业文化的统一形象，并树立个性鲜明的企业形象和品牌而进行的。物质层的变化也是为了配合核心价值观的调整。总的来讲，企业文化创新的核心是精神层的创新，包括核心价值观、经营哲学和经营思想的变革。制度层和物质层的变化是配合精神层而改变的，是精神层变革的外在表现。这是在实施企业文化变革中要特别注意的地方。

3. 企业文化创新的意义[①]

（1）企业文化的创新有助于形成企业员工的创新理念。

企业的健康发展需要两种纽带：一种是物质、利益、产权的纽带；另一种是文化、精神、道德的纽带。优良的企业文化能够创造出一个良好的企业环境，提高员工的道德素质和科技文化的素质，对内形成企业凝聚力，对外提高企业竞争力。企业创新发展是一种员工创新理念的成功实现。创新的关键在于人，在于每位员工的参与，在于创业中员工的创新理念。如果一种创新理念被企业员工共同认可并接受，那么它就会像"黏合剂"一样，把全体员工聚合在创新理念之下，调动企业内部有益于创新的各种力量，从而在创新过程中产生巨大的向心力和凝聚力。企业文化实际上是企业全体员工共同创造的群体意识，它所包含的创新理念、价值观、企业精神、道德规范等内

---

① 杨刚. 现代企业文化学[M]. 北京：对外经济贸易大学出版社，2006：108.

容，均寄托了企业全体员工的理想、希望和要求以及他们的命运和前途。员工在企业的发展中，对创新理念及创新行为产生了认同感，就会积极参与企业的活动，调动自己的创造潜能和发挥自己的聪明才智。

（2）企业文化的创新能够帮助企业开拓新的市场。

文化的核心是一种价值，不同的文化模式和文化群体，其消费方式各具特色，其消费需求、消费习惯和商业规范也千差万别。而且随着时间的推移，文化价值观念将部分甚至全部发生变化，产生新的价值观念，从而导致市场结构和消费行为发生变化。企业发现新市场的一个重要前提是在企业文化中能够纳入社会文化的差异及变化，使企业本身具有适应社会文化变化的文化特质，这样才能把握新的市场机遇。

（3）企业文化的创新有助于形成企业的约束机制。

约束机制是指企业文化对每个员工在企业创新发展过程中的思想和行为具有约束和规范的作用。然而，企业文化的约束不是以制度创新、组织创新为主导的硬约束，而是一种内在的软约束，这种约束来自于企业创新的文化氛围以及群体行为准则和道德规范。一个企业的群体意识、内部舆论、风气和风尚等精神文化具有了创新的特质，就会造成强大的使个体行为群众化的群体心理和动力，使员工在创新过程中产生理念共鸣，进而发生自我调整、控制自己的行为，自觉开展创新工作。企业文化的构建与创新不仅与企业的制度管理构成一个互补的整体，而且独创了一种管理意境，融合了制度管理的内容。同时，它以一种柔性管理的文化形态，在物质结构之外构筑了一种文化需求和氛围以适应人性、人情和人的自身价值提升的要求。特别是其内在特定的导向功能、激励功能、凝聚功能、融合功能和辐射功能，则可以极大地提高管理绩效。

（4）企业文化的创新有助于产品创新。

在市场上，常常出现两种同类产品因品牌不同而导致销售价格不同的现象，这种差异产生的原因是卓越品牌的形成是生产它的企业的综合素质不断升级换代的结果。卓越品牌的高附加值固然与其知识技术含量、产品质量密切相关，但更重要的是企业品牌推广和社会声誉使得其中蕴含的满足消费者理念的文化比重日益增加。因此，企业所出售的产品并不只是单纯经济学意义上的产品，而更多的是一种企业文化附加。企业文化给产品带来的高附加值成为企业产品创新的驱动力。

可见，企业文化创新贯穿于企业创新发展的全过程和各个环节。企业文化通过影响企业管理者和员工的价值观念、思维方式和行为方式等，对企业创新起着内在的、无形的推动作用。

第六节　企业文化创新的基本途径

一、企业文化创新的背景

在以下几种情况下，创新企业文化尤为必要：

（1）当周围的环境正在发生根本性变化，而企业的行为却仍然很强烈地受原价值观的驱使。

（2）行业竞争激烈，企业文化必须极其密切地注意顾客，并且信奉一种顺应顾客需要的演变而作出相应的变革的原则。

（3）当原有的企业庸庸碌碌甚至更糟的时候。

（4）当一个企业确实走到了成为一个大企业转折点的阶段，因为一个企业在成立之初，它的政策和制度还有待制订，企业文化会朝着大体同样的方向前进，随着公司扩大，管理它的过程开始占据统治地位，当初的价值观常常受到严重的威胁，如果要继续保存下来，则需要进行变革。

（5）当公司在非常迅速地扩展，新职工在大量增加的时候。

二、企业文化创新的基本途径

1. 以行业背景为支撑，打造企业特色文化

前面提到过，不同行业的企业文化特点是不一样的，从大的方面来说，可以分为第一产业（农业）、第二产业（工业）、第三产业（服务业），每个行业还可以进一步细分，比如工业可以分为电子工业、化工工业、机械制造业等。由于各个行业在管理模式和要求上存在很大差异，所以，企业文化也必然有差异。同时，对企业道德体系的设计要结合自身行业，突出本行业道德的特点。

2. 以 CIS 为载体，创新企业形象

近年来，中国企业普遍引入了一个新的概念 CIS，英文全称 "Corporate Identity System"，即企业识别系统，它由三个识别子系统组合而成，分别是：理念识别系统，简称 MIS；行为识别系统，简称 BIS；视觉识别系统，简称 VIS。理念识别是基本精神所在，是整个识别系统的最高决定层，也是整个识别系统运作的原动力。它包括诸多的内容：经营理念、发展战略、企业精神、价值追求、行为准则、企业歌曲等诸多内容。行为识别是指企业在其经营理念的指导下所形成的一系列经营活动。视觉识别是在企业经营理念的基

础上，根据经营活动的要求，设计出识别符号，以刻画企业的个性，突出企业的精神，凸现企业的特征，目的是使企业员工、消费者和社会各界对企业产生一致的认同感。根据 CIS 战略，企业的形象塑造要经历四个步骤：一是企业形象的现状评估；二是企业形象的总体规划；三是企业形象的有效展示；四是企业形象的全面总结。具体的途径首先要确立崇尚的企业价值观，其次要提高产品质量，再次要加强广告宣传及公关活动，四要开展企业文化活动。

3. 以以人为本为核心，打造企业核心竞争力

社会主义企业以人为中心应该从以下几个方面加以体现，尊重职工的人格、自身价值、尊严和权利；满足职工不同层次的需要；增强主人翁责任感参与企业管理的意识；提高企业管理者与职工的素质。同时，以人为本不仅表现为对内，还表现为对外，企业要充分的尊重用户，考虑用户的需求。从这两个方面来真正的落实以人为本，打造企业的核心竞争力。

4. 以文化品牌为导向，创新企业文化

品牌是消费者眼中的企业文化，是消费者心中的企业形象。正确理解和处理好企业文化和品牌的关系，对于品牌的定位和传播特别重要，同时对于企业文化的创新也非常重要。品牌是企业文化的表层文化，是企业自身意识的表现，受形式的影响很大。品牌根植于企业文化，并成为企业文化的重要标志；品牌个性文化是企业文化的一部分；企业文化与企业品牌战略相辅相成，共同发展；企业文化有助于增强企业创品牌的内在激励机制；良好的企业形象是实施品牌战略的坚强后盾。树立良好的企业品牌形象对于企业的生存和发展是至关重要的，它在很大程度上已经成为企业营销战略乃至整个企业的核心。品牌文化在企业文化创新过程中能够促使企业更好地赢得消费者，提高市场占有率；有利于企业销售商品；有利于买主购买商品。可以看出，品牌对于企业的发展、对于企业文化的创新有着巨大的作用，因此企业在发展过程中一定要注重加强对品牌文化的塑造，树立良好的企业品牌形象。要想在激烈的市场竞争中求生存、谋发展，以文化品牌为导向，设计、塑造良好的品牌，创新企业文化就显得尤为重要，企业要努力争取，以求得进一步发展。

5. 以经营理念和管理模式为驱动力，推进企业文化创新

一个好的企业善于拓宽思路来改变陈旧的模式，能着眼于未来的创造，敏感地将新思想、新实践、新技术在有用的时候以最快的速度吸纳到组织中来，并快速地表现人们的思想。不论是企业还是个人，适应未来不仅需要学

习，打破稳态，还需要从追求"更好的"理念开始。"更好"是一种创新，往往也需要通过文化的变革与组织的重构来实现。网络化时代的现代资讯对企业生存环境的挑战与冲击，引发经营理念与管理理念的深刻巨变①，一方面要对员工进行现代意识和现代知识的教育，扩大培训和培养；另一方面要加强现代意识型人才的开发和运用，广开门路，促进人才流动，以改善人才结构，带动现代意识管理水平的提高。同时，每个成员都可通过贡献力量为共同的成功而受益，通过沟通、对话、平等交流、共同参与的方式使管理更加民主。而经营理念的变革是一个解除束缚，破除传统，克服惯性，建立新的观念的过程。寻求独占性价值、快速应变、规模效应、资源价值、重建客户关系、知识经济、利用他人生产、经济全球化的观念。以管理理念和经营理念为内驱力，创新企业文化。

6. 以企业家的自我提升为保证，开展企业文化革新

企业家不仅创造了经济奇迹，而且创造了各具特色的企业文化。企业家不仅是一种经济现象，而且是一种文化现象。作为一种经济现象，企业家是工业社会的主要产物；作为一种文化现象，企业家属于现代社会群体中的一个特殊阶层，拥有一套独特的价值观念、思维模式和行为方式，直接关系和影响着企业文化的塑造和企业的兴衰。②企业家和企业文化具有内在统一性。企业家精神及企业家的形象，是企业文化的一面镜子，企业文化是企业家德才水平、创新精神、事业心和责任感的综合体。企业家在企业文化建设中的重要作用表现在倡导、塑造、示范、鼓动作用上。造就一只优秀的企业家队伍，是企业文化创新的重要保证。企业家则是企业生产力中最活跃、最富有创造性的"内核"，是推动企业改革、促进经济和社会全面发展的中坚力量。

要创新企业文化，就要造就企业家队伍的机制，包括良好的激励机制和约束机制；造就企业家队伍的环境，主要包括在产权制度改革中，明晰产权关系，形成对经营者的产权约束；转变政府职能，政企、政资彻底分离，真正建立现代企业制度。同时提高企业家的社会地位，在全社会形成尊重企业家、尊重他们的劳动和价值的社会环境；树立市场经济条件下新的企业家评价标准。在社会舆论导向下，大力宣传企业家在现代市场经济中的重要作用，以便吸引更多的社会精英加入到企业经营者的行列之中；在完善市场体系的过程中，建立公平竞争的环境。生产要素都进入市场，市场统一开放，政府宏观政策和宏观调控手段规范透明。在规范、公平的环境中，企业经营者不

---

① 彭南林. 企业文化概略[M]. 北京：红旗出版社，1999：335.
② 吴从清. 现代企业文化概论[M]. 武汉：武汉大学出版社，2001：248.

能靠政府保护，而只能靠自己的努力求得企业发展；建立经营者市场的环境。允许经营者的市场流动，造成人尽其才的社会环境，为企业家提供充分施展才干的机会；借助市场机制，通过招标、投标等方式在经营者的竞争中选择企业家。

思 考 题

1. 企业文化塑造的影响因素是什么？
2. 企业文化塑造的途径是什么？
3. 什么叫企业文化创新？
4. 阐述企业文化创新的意义。
5. 阐述企业文化创新的基本途径。
6. 请阅读著名企业的成功案例，发掘企业文化的塑造与创新在企业成功过程中的作用。

第七章 道德与职业道德

第一节 道德与职业道德的内涵

道德是由一定的社会物质生活条件所决定的一种社会意识形态，是调整人与人之间、个人与社会之间关系的行为准则、规范的总和。它一方面转化为个人的内心信念和自觉自愿的生活实践，另一方面又通过社会舆论和教育的方式、传统民俗和规章制度形式在社会生活中确定下来，成为一定社会约束人们相互关系和个人行为的原则规范。

职业道德是指从事一定职业的人们在其特定的工作或劳动中遵守的道德准则和行为规范。作为一种观念形态和行为规范，企业职业道德是企业形象的内核。企业的职业道德状况，直接反映着企业内在素质的高低和外在形象的好坏。如果说市场竞争是企业不断发展的外部驱动力的话，那么，职业道德建设则是企业发展的原动力。

职业道德具有以下一般特征：

（1）在内容方面，职业道德总是要鲜明地表达职业根本利益以及职业责任、职业行为上的精神要求。就是说，职业道德不是一般地反映社会精神的要求，而是着重反映本职业特殊的利益和要求；职业道德不是在普遍的社会实践之中上产生的，而是在特定的职业实践基础上形成的。它鲜明地表现为某一职业特有的精神传统和从业者特定的心理和素质。职业道德往往世代相传。

（2）在表达形式方面，职业道德比较具体、灵活、多样。各种职业对从职者的道德要求，总是从本职业的活动和交往的内容和方式出发，适应于本职业活动的客观环境和具体条件。因而，它不仅提出原则性的要求，而且力求具体、有可操作性，诸如企业精神、职业誓词等。

（3）在调节范围方面，职业道德主要调整两方面的关系，一是同一职业人们之间的内部关系，二是他们同所接触的对象之间的关系。从历史上来看，各种职业集团为了维护自己的利益，为了维护自己的职业信誉和职业尊严，不但要设法制定和巩固体现职业道德的规范，以调整本职业集团内部的相互关系，而且注意满足社会各个方面对本职业的要求，调整本职业同社会各方面的关系。

（4）在功效方面，职业道德一方面使社会的精神原则"职业化"；另一方面使个人精神"成熟化"。职业道德与社会精神之间的关系，就是特殊性与一般性、个性与共性的关系。任何形式的职业道德都在不同程度上体现着社会精神的要求。同样，社会精神在很大范围上又是通过具体的职业道德表现出来的。社会道德寓于职业道德之中，职业道德体现或包含着社会道德和社会精神。职业道德与职业生活相结合，具有较强的稳定性和连续性，形成具有导向性的职业心理和职业习惯，以致在很大程度上改善着从业者在学校和家庭生活中所形成的品行，影响着主体的精神风貌。

此外，社会主义职业道德还具有三个重要特征：

（1）社会主义职业道德是社会主义道德体系和精神体系的组成部分。人们的社会生活分为三大领域，即家庭生活、职业生活和公共生活。社会主义职业道德就是职业领域内社会主义精神的特殊要求。

（2）社会主义职业道德的内容具有人民性。社会主义社会消除了人与人之间剥削与被剥削的关系，从根本上使职业利益同社会利益、同广大人民群众的根本利益相一致，各种职业都成为社会主义事业的有机组成部分。因此，各行各业可以形成共同的精神要求，即为人民服务。社会主义职业道德的人民性，构成它区别于以往各种职业道德的本质特征，使之能够在调整人与人间的关系上，发挥历史上前所未有的重要作用。

（3）社会主义职业道德的形成和发展具有"灌输性"。社会主义社会的职业道德是在以公有制经济为主体的社会主义经济基础上建立的。它的主体内容不像旧的职业道德那样，可以自发形成，而是在马克思主义的教育下，通过社会主义中有觉悟的职业成员的努力建立起来的。列宁在谈到培养工人的社会主义意识时指出："工人本来也不可能有社会民主主义的意识。这种意识只能从外面灌输进去。"（《列宁选集》第1卷，第267页）因此，加强对从业者的科学发展观和社会主义核心价值体系的教育，使之认清社会主义职业的性质和特点，了解本职业在社会主义社会中的地位和职责，是十分重要的。

第二节 当前我国职业道德建设中的问题

当前，我国社会正处在深刻变革时期。社会主义市场经济呼唤着职业道德。职业道德建设也正在成为许多企业的自觉行动广泛开展，并初步取得成效。但是，当前企业职业道德的现状与市场经济的基本要求还有很大的差距。从各地企业的实际情况来看，这种差距主要表现在职工的道德观念、工作态度以及职业行为上。

一、道德信念动摇

具体表现在部分职工爱岗敬业精神弱化，集体主义思想淡漠，不同程度地存在着纪律涣散以及以岗谋私等现象，直接妨碍了生产经营活动的正常进行，影响了企业的信誉和形象。究其原因，主要是由于市场经济所伴生的某些负效应的冲击和影响，使得部分职工的集体主义道德信念发生动摇，甚至陷入了"越讲职业道德越吃亏"的误区。如果不认真解决陷入误区的道德信念问题，就会使企业职业道德失去应有的精神依托和动力。

二、价值选择错位，价值取向功利化

由于人们的义利观、价值观还缺乏正确的引导，使部分职工把个人主义的价值观作为追求的唯一目标，背离了集体主义价值导向，以致出现了唯利是图、崇拜金钱、个人至上、见利忘义等人格"商品化"现象。认为人生的价值体现在挣钱多少，而不是敬业奉献多少，讲求干什么活，拿什么钱，绝对的劳动与报酬对等，一心想赚大钱，抱怨付出多，回报少，缺乏敬业精神。这种价值选择上的错位、价值取向上的功利化，是导致当前企业职业道德建设滑坡的根本原因。

三、攀比心态严重，心理倾向失衡

攀比心态严重、心理倾向失衡表现在：一是行业之间相互比较。开放程度高，市场竞争激烈，劳动密集型企业，职工劳动强度大，但收入低；而具有垄断性质、开放程度低的行业，职工劳动强度小，但收入高。职工对此很有看法，常感到干错了行，站错了队。因此，工作积极性差，责任心低。二

是企业与机关事业单位比较。机关事业单位人员与企业职工收入的差距不断加大，使职工产生直接创造财富的人，不如不创造财富的人收入高，产业工人不吃香的逆反心理，影响着职工生产工作积极性。三是与社会上的不良风气比较。拿自己同因偷税漏税暴富的不法商和大肆挥霍公款的不良官绅相比，拿为住房、为医疗、为子女上学甚至为生计所需而发愁的工薪阶层的职工与那些住洋房、拥有私家车、进豪华饭店、泡高级舞厅的先富起来的人相比，越发觉得自己吃亏。因为对不正之风有怨气，不服气，无形中就会放松对自己的要求，降低对自己的标准，即使违反了职业道德规范也感到心安理得。

诚然，在计划经济向市场经济过渡的转型期，企业职业道德上的错位和无序是难以完全避免的。也正是由于企业职业道德上的错位和无序，再加上经营管理体制本身存在着缺陷，使得我国部分国有企业在市场经济的浪潮冲击下破产倒闭。对此，我们必须有清醒的认识，必须充分认识到新形势下加强企业职业道德的必要性和紧迫性。

第三节　职业道德在企业发展中的地位

职业道德在整个社会道德体系中占有重要的地位。它是社会道德原则和道德要求在职业领域的具体化，在职业活动有序进行的过程中发挥着重要作用。

首先，职业（行业）对社会负有特定职能，职业道德需要对行业行为进行规范。

在分工化的社会中，每个行业都是社会整体的生产和运行体系的组成部分，担负着特定的社会职能。只有每个行业有效地履行了"行业角色"的职能，社会才能正常运转。任何一个行业的"失职"，都可能引发连锁效应的社会问题。当"非典"突然袭击我国的时候，当然需要全国人民团结一致、众志成城地开展抗击非典的斗争，但是，最直接、最有效的措施是医疗行业、卫生防疫行业紧急行动，发挥"行业角色"的职能，因为"行业角色"职能是特定而不可替代的。在这场没有硝烟的战斗中，我国医疗和卫生防疫系统的医务人员不负众望，用生命谱写了又一篇奋斗奉献的壮丽诗篇。如果此时医疗行业、卫生防疫行业的"行业角色"失职，很难想象会发生什么样的灾难性的后果。同时，我们也看到，有的行业中的一些单位，在灾难面前并没有履行行业职能，而是借机哄抬物价，干扰抗击"非典"工作的正常进行和社会的正常秩序。虽然这只是少数企业的行为，但影响了整个行业的声誉，引发社会恐慌。过去，在职业道德建设中，只强调了从业人员的职业道德，没有把行业的"行业角色"意识纳入到职业道德的范畴，使得有的行业对本行业的社会职能和责任缺乏必要的重视。事实上，行业违规、不履行行业的特定社会职能和责任，其危害性必定大于从业人员个体违规所造成的危害性。可见，加强职业的行规建设，增强对行业的规范，是职业道德建设的一项紧迫的工作。强调行业的职业道德问题，有助于增强行业的职业责任，也有助于提高全行业从业人员的整体职业素质。

对职业道德，《公民道德建设实施纲要》[①]（以下简称《纲要》）相对于以往的文件，已经有了突破性的界定，"职业道德是所有从业人员在职业活动中应该遵循的行为准则，涵盖了从业人员与服务对象、职业与职工、职业与职业之间的关系"。其中"职业与职业之间的关系"已经不是指从业人员的活动关系，而是指职业（行业，或行业的组成部分）的活动关系。另外，从《纲要》对职业道德内容的规定看，在"爱岗敬业、诚实守信、办事公道、服务群众、奉献社会为主要内容的职业道德"[②]中，后四条要求不仅是对从业人员的要求，也是对行业的要求。因此，进一步把职业与社会的关系纳入职业道德之内，在理论和实践上应当是可行的。

除了职业与社会的关系之外，调节职业与职业之间的关系也是职业道德的重要职能。在高度分工化的现代社会，各行各业的职能之和，形成了完整的社会职能。行业与行业之间，形成了"上游"与"下游"的紧密关系。如果社会链条中的某个环节断裂，社会的大机器的运行就会发生问题。在抗击"非典"的斗争中，不仅只是医务工作者的孤军奋战，还需要相关行业的紧密配合：药品、防护用品等后勤保障系统，交通运输系统，行政指挥系统等等。没有这些行业的配合，取得抗击非典斗争的胜利是不可能的。特殊时期如此，平常时期也是如此。只有各行各业各司其职，按照一定的法则进行配合，社会才能处于良性运转之中。在职业道德要求中，诚实守信就是对这些关系的规范性要求。加强职业道德对职业与职业关系的规范，是社会主义市场经济发展的需要，也是形成职业间良好互动关系的需要。

其次，从业人员对职业负有特定责任，职业道德需要对从业人员的职业行为进行规范。

随着社会主义市场经济体制的逐步完善，整个社会和各个行业对从业人

---

① 公民道德建设实施纲要[M]. 北京：人民出版社，2001：8.
② 公民道德建设实施纲要[M]. 北京：人民出版社，2001：8-9.

员职业观念、职业态度、职业技能、职业纪律和职业作风的要求越来越高。相对于从业人员而言，职业道德首先要调节从业人员与职业（行业）的关系。行业的社会职能能不能很好地实现，依赖于从业人员职业道德的总体水平。从业人员进入职业角色之后，他所进行的活动不再仅仅是个人行为，而是行业履行社会职责的组成部分，是一种职业行为。也就是说，从业人员对自己所从事的职业负有特定责任，他的职业活动行为必须对职业负责，从业人员必须按照职业的要求而不是自己的个人意愿从事职业活动。所以，需要对从业人员的职业行为进行规范。爱岗敬业、忠于职守，就是职业道德对从业人员职业行为的规范。在抗击"非典"的斗争中，我们真实地体会到爱岗敬业精神的崇高。叶欣、邓练贤等一批"白衣战士"以身殉职，老军医姜素椿冒着生命危险注入康复患者的血清，探索医治"非典"的方法；我们还看到其他战线的人员优良的敬业精神：新闻记者深入一线现场采访，文艺工作者把"心连心"的演出送进小汤山医院。崇高的敬业精神在这次危难中得以凸显。与此相反，临阵脱逃行为则是对职业的不忠。同样，在危难突然袭来的时候，措施不力、指挥不当，也会带来严重后果，没有完成职业角色的要求。这些行为都是不符合职业道德要求的，他们不仅应当负行政和法律责任，也应在道德上受到谴责。所以，爱岗敬业、忠于职守，是对从业人员职业道德素质的首要要求。

第四节 职业道德在企业发展中的培育

职业道德培育过程，应该是每个从业人员心灵深处不断吐故纳新的过程。为了扎实、有效地进行职业道德培育就必须寻求一些有效的途径，主要有以下几个方面：

一、理论学习

学习是职业道德修养最基本的途径。一是从理论上理解和把握职业道德修养的意义，熟知职业道德的原则、规范等内容。二是加强自己所在行业的专业知识和专业法规的学习。企业职业道德的养成，需要有正确的理论来指导。这个理论，就是马克思列宁主义、毛泽东思想、邓小平理论以及社会主义职业道德理论。加强马克思主义思想理论和职业道德理论的学习，可以帮

助员工对在企业发展过程中出现的一系列重要的道德原则问题明辨是非，纠正错误思想，把握好人生道路的航向，促进企业健康持续发展。这些重要的道德原则问题包括：

1. 价值观

人生价值观，对一个人的职业道德行为的影响，无疑是非常重要的。一个人在对待、处理个人与社会的关系问题上，如果把个人价值与社会价值对立起来，把个人价值目标的实现看得高于一切，重于一切，而认为个人的社会价值是无足轻重的，那么他在一生的为人处世以及职业工作中，必然时时处处表现出强烈的利己主义的思想倾向和行为方式。在这样的价值观指导下，一个人可能会贪图个人蝇头小利而降低自己在他人心目中的威信和名誉，丧失与他人合作的机会，丧失单位领导对自己的信任，切断自己获得更大成功的道路。

2. 幸福观

追求幸福、获得幸福是每一个人与生俱来的权利。幸福是由于人感到某方面的满足而产生的一种心理体验。由于人们的世界观、价值观不同，性格爱好不同，人生追求的目标不同，所以，人们对幸福的理解也带有主观性和差异性，幸福的标准是多元化的。然而，因为人的本质是社会关系的总和，幸福的主观标准又是受社会客观标准制约的，因而又带有客观性。个人对幸福的追求不能建立在牺牲他人和社会整体利益的基础上，这是个人对幸福的追求必须遵守的伦理道德底线。人们不但受益于整个社会道德的进步，受益于他人的道德行为，更因为自身道德水准的提高，使心灵更加充实，行为更为得当，而取得更多的成功，得到更多的愉悦。因此，道德建设并不是对社会成员的束缚，而是使社会成员更加幸福的阶梯。

3. 义利观

义利观是人们在社会生活中的另一个基本道德问题。义与利的关系实质上就是道义与利益的关系。人们从事一定的职业工作，不可避免地要涉及自己、他人及社会诸多方面的利益和矛盾。对待处理这些矛盾是重义轻利还是唯利是图，是舍利取义还是以个人利益为重，在这些问题上的是非观念将直接支配人们的职业行为。

二、知行统一

所谓"知"，就是指在职业实践中经过理论学习和总结经验教训而获取的

正确认识。所谓"行"，则是指社会实践，即人们改造客观世界的一切活动。人们把职业道德、情感、信念、意志的修养，不断地转化为职业行为，真正做到言行一致、身体力行，这就是知行统一。职业道德培育必须知行统一，注重实践，这是因为：

1. 实践是职业道德培育的基础

人们只有在改造客观世界的实践中，才能改造自己的主观世界，只有在实际的社会生活中，才能形成人们之间的道德关系。离开了社会实践，人们的行为也就无所谓善恶好坏，自然也就谈不上道德修养了。因此，实践是职业道德的源泉，职业道德是在职业实践中锻炼出来的。企业员工只有在自己的本职工作中，进行自觉的修养，才能不断提高自己的职业道德水平。

2. 实践是推动职业道德修养的动力

职业道德培育是一个漫长的过程，它需要在工作实践的推动下不断进步，日臻完善。同时，社会是不断前进的，作为意识形态的职业道德，必然要反映社会存在发展、变化的要求。社会实践的发展必然会对人们的职业道德修养提出新的要求，从而推动人们的职业道德修养不断提高。

3. 工作实践是职业道德培育的目的

职业道德培育本身并不是目的，而只是手段。它的目的是培育员工优秀的职业道德品质，养成良好的职业道德行为规范，从而更好地为企业工作，促进企业的健康发展。离开实践这个目的去谈职业道德培育是毫无意义的。

4. 实践是检验职业道德水平的标准

实践是检验真理的唯一标准，也是检验职业道德水平的唯一标准。企业员工的职业道德水平的高低，不能通过观念来检验，也不能凭一个人口头上说的动听与否来加以判断，而只能看他工作中的实际行动。

总之，职业道德培育离不开企业实践活动。同现实的社会生活实践和企业活动实践相结合，是企业职业道德培育的根本途径。

三、"慎独"

"慎独"是我国古代人民极力推崇的一种道德修养方法。所谓"慎独"，就是在只有一个人的情况下，其行为更应当谨慎，不做任何违背道德的事。它反映了一个人自觉遵守道德规范的能力和道德修养水平的高低。孔子说：

"莫见乎隐，莫显乎微，故君子慎其独也。"也就是说，即使在无人监督、无人知道的情况下，君子也能够严格按照道德要求办事。刘少奇曾经说过，一个无私的人，"即使在他个人独立工作，无人监督，有做各种坏事的可能的时候也能'慎独'，不做任何坏事。""慎独"的道德修养方法同样很早就引起外国古代思想家的关注。古希腊哲学家德谟克利特说过："要当心，即使你独自一个人时，也不要说坏话，做坏事，而要学得在你自己面前比在别人面前更知耻。"毕达哥拉斯也说过："不论是别人在跟前还是自己单独的时候，都不要做一点卑劣的事情，最要紧的是自尊。"

在中国古代，但凡立志上进的人都十分重视"慎独"。孔子的学生曾参说过："吾日三省吾身，为人谋而不忠乎？与朋友交而不信乎？传不习乎？"东汉时期的杨震，在为官上任的路上，他过去曾举荐过的王密深夜来见他，并以十金相送。杨震坚辞不收。王密说："暮夜无知者。"杨震则对他说："天知，神知，我知，子知，何谓无知？"

在有人督促检查或者在大庭广众之下不做不道德的事，这是一般人都能做到的，但是在只有一个人，没有任何监督，做了不道德的事也不会有人知道的情况下，有的人工作就不那么认真了，对工作纪律制度和操作规程的遵守就不那么严格了，甚至可能萌发邪恶念头，这恰恰暴露了人们在职业道德修养方面的差距。

"慎独"既是职业道德修养的方法，又是职业道德修养所要达到的一种精神境界。"慎独"作为一种职业道德修养方法，其积极意义表现在以下几个方面：

首先，"慎独"是高度自觉性的表现，是在强烈的职业道德信念的支配下的自觉自愿行为。能做到"慎独"的人，标志着他的职业道德修养已达到了一个较高的境界，说明他所选择和坚持的职业道德行为，不是为了装饰门面，不是为了沽名钓誉或其他个人目的。这种职业道德境界作为一种道德典范，对社会道德风尚的进步会产生积极的影响。

其次，"慎独"强调人们在道德修养中在"隐"和"微"处下工夫。道德修养要从大处着眼，从小处入手，防微杜渐，"勿以善小而不为"，坚持"积小善而成大德"。这正是古人所说的"一屋不扫，何以扫天下"的道理。

再次，"慎独"是良好道德习惯的表现。一腔热血，富于理想的青年人开始从事职业工作时往往热情很高，干劲十足，但有个弱点，就是这种热情的持久性差，缺乏恒心。有时工作劳累或心情不好时，或在无人监督、检查的

情况下，容易在工作上打"马虎眼"。这是缺乏良好职业道德习惯的表现，也说明没有达到"慎独"的境界，从而在职业道德行为上还缺乏自我约束、自我鞭策的能力。

我们应当认识到，良好的职业道德是个人应具备的内在品质，职业修养不是做给别人看的，不是为了邀功请赏，装点门面，而是在于追求人格的高尚，人品的完美。我们应在任何时候、任何情况下都自觉以职业道德规范严格要求自己，绝不能人前一套人后一套，人前装圣人，人后做小人。特别是在市场经济条件下，由于竞争的压力和利益的驱动，一些企业为了推销产品扩大市场份额或承揽业务，不惜采取种种不正当竞争手段，对当事人许之以各种各样的"好处"。这些所谓的"好处"，不会公开摆到桌面上来，都是在私下达成"交易"。红尘滚滚，物欲横流，面对这些金钱和物质利益的诱惑，没有"慎独"的克己能力，就很容易被糖衣炮弹击中，被他人拉下水，做出有损职业道德的错事，有损人格的亏心事。

现代企业的从业人员，要立志在工作中做出成就，就必须通过刻苦的锻炼，时时处处严格要求自己，在隐藏处下工夫，在人背后学做人，做到"独在暗室不欺心"，努力追求这种"慎独"的崇高境界。

四、树立先进榜样

古人云："以铜为镜，可以正衣冠；以史为镜，可以知兴衰；以人为镜，可以明得失。"以先进模范人物为楷模，激励自己提高职业道德素养，也是职业道德修养的重要途径。中共十四届六中全会（决议）指出："社会主义现代化建设中涌现出来的先进集体和先进人物，是实践社会主义精神文明的榜样。要采取多种形式，大力宣传他们的事迹思想，在全社会形成崇尚先进、学习先进的风气。"

先进模范人物，实际上是一定社会所标榜、推崇的道德理想或理想人格的化身。所谓"理想人格"，就是符合一定社会道德原则和道德规范的典范人物。任何社会都十分重视道德典范的社会示范作用。中国封建社会历代统治者所大力渲染的那些"贤臣""忠臣""烈女""二十四孝"等等，就是封建统治者所倡导的道德典范。各个社会都十分重视道德典范的引导作用，是因为道德典范的教育不同于道德理论的教育，它具有更真实、更具体、更易于感染人的特点。一个道德典范的产生，往往会对整个社会的精神面貌产生很大影响，推动一代人以至几代人的成长，具有普遍的教育意义。充分发挥先进

模范人物的感染作用，"择其善者而从之"，就能推动社会职业道德风尚的大力进步。

学习先进要纠正一些错误认识。有的员工认为先进模范人物的言行超越了社会现实，是高不可攀、学不来的。有的认为先进模范人物只讲奉献，不计个人得失，是"冒傻气"等等。这些糊涂认识恰恰暴露了一些员工思想觉悟和道德修养方面的差距，这也往往成为一些员工拒绝学习先进人物，拒绝进步的挡箭牌。就像古代封建社会亦会产生"失天下之忧而忧，后天下之乐而乐"这样高风亮节的人物一样，先进人物也绝不是高不可攀的，学不来的。

当然，学习先进模范人物，提高职业道德境界，不可能一蹴而就，要有一个过程。古人说得好："善不积不足以成名，恶不积不足以灭身。"职业道德的修养也是一个由量变引起质变的辩证过程。

五、健全职业道德评价体系

职业道德评价体系主要由社会舆论、职业良心和传统习惯等三大维度建构。

社会舆论评价是指社会、集体或他人对行为当事人的职业道德行为进行善恶优劣判断和倾向性态度的表达。社会舆论评价对员工职业道德培育有着十分显著的影响。首先，它是社会对某种职业道德行为的善恶判断和褒贬态度的直接表达方式，行为当事人一般都会十分重视。其次，它是向当事人传递行为价值信息的重要手段，它能使当事人从中了解该行为的社会后果。最后，社会舆论虽然不像法纪那样具有强制性力量，但它对员工职业行为的调节、约束力度和作用却不可低估，它是法制强制力量的有效补充，具有法纪约束不可替代的作用。因为它通过赞誉或谴责，迫使当事人从中了解来自社会的善恶裁决，从而影响当事人的职业行为。

所谓"职业良心"，就是员工对企业和社会履行义务的道德责任感和自我评价能力，是个人意识中各种道德心理因素的有机结合。职业良心在职业行为过程中的作用表现在以下几个方面：首先，在行为之前，职业良心对选择行为的动机起制约作用。其次，在行为进行中，职业良心起着监督作用。最后，在行为之后，职业良心对行为的后果和影响产生评价作用。职业良心会对员工的职业行为产生重要影响。它会使员工对合乎职业道德的行为产生精神上的满足，从而坚定职业道德情感和信念，勇于把优良职业道德发扬光大；也可以促使员工对不道德的行为感到羞愧、内疚，从而纠正自己的行为，避免再发生类似的行为。

传统习惯是一定社会一定民族在长期的共同生活中形成的行为习惯和道

德行为方式，它也是职业道德评价的一种形式。传统习惯是在社会生活中长期形成的，并且已经和人们的传统情绪、民族情绪、社会心理密切结合在一起，成为民族风俗和社会风俗。所以，传统习惯总是源远流长，深入人心，它不依赖于舆论传播媒介，也不需要专门灌输，而是来自于人们在社会生活中的直接体验和长期积累。由于传统习惯是在长期的历史发展中形成的，因而它在职业道德评价中的作用是很大的，任何从业者都不同程度地受到它的制约和影响。如果人们的行为违背了某种传统习惯，就会受到社会成员的批评和遣责；如果人们的行为符合某种高尚的传统习惯，就会受到社会成员的积极肯定和褒扬。对待历史遗留下来的旧的传统习惯，我们的态度应该是一方面不断批判、清除其落后的、消极的东西，特别是那些不利于新道德、新观念形成的东西；另一方面要吸取其有生命力的东西，努力形成合乎时代潮流的新习俗、新风尚。

职业道德评价体系有如下功能：

（1）职业道德评价体系可以衡量员工职业道德行为的优劣好坏。它不仅可以对被评价者产生强烈的影响和震动，也可以提高员工识别善恶好坏的能力。

（2）职业道德评价体系是维护职业道德原则与规范的保障。员工行为是否符合职业道德规范要求，是靠职业道德评价来判定的。通过职业道德评价可以指出个人行为的是非得失，使员工遵循职业道德规范而不越轨，从而达到维护企业职业道德规范的目的。

（3）职业道德评价体系影响员工职业道德水平的提高。职业道德品质不是天生就有的，也不能靠自发形成。职业道德评价可以推动员工进行职业道德修养，促使道德行为当事者发扬良好的职业道德行为，纠正不良的职业道德行为，帮助员工建立职业道德情感，坚定职业道德意志和信念。

【经典案例详析】　"安然"神话的破灭

一、基本案情

美国安然石油天然气公司一度曾是全球的头号能源交易商，其市值曾高达 700 亿美元，年收入达 1 000 亿美元。2001 年年初，被美国《财富》杂志连续四年评为美国"最具创新精神的公司"。

谁知美梦苦短，一瞬间"安然"大厦轰然倒地：2001 年 12 月 2 日，"安然"向纽约破产法院申请破产保护，其申请文件中开列的资产总额 468 亿美

元。"安然"又创造两个之最——美国（或许是世界）有史以来最大宗的破产申请记录及最快的破产速度。

二、"安然"破产的原因

"安然"破产的根本原因主要有两点：

1. 制度缺陷

"安然"事件，其实是现代企业制度存在缺陷，使内部人滥用职权而没有有效的监督和约束机制。此案不仅涉及美国两党政要，而且涉及那么多政府高官和国会议员。因此，安然公司的破产揭示了现代社会在制度上依然有待完善。

2. 道德沦丧

媒体披露，安然公司与布什家族，众多政府要员，国会议员关系非同一般，在其破产前后，更是接触频繁。公司总裁在公司破产前已经秘密抛售了其掌握的全部股票，那些持有安然公司股份的现任布什政府某些部长，副部长们，也在公司倒闭前卖出了自己手中的股票。安然公司的一般雇员们却因为金字塔顶的少数人把钱抽走，一夜之间数亿美元的退休金化为乌有，失去了他们一生的积蓄。骇人听闻的暗箱操作，毫无社会责任感和诚信可言，亦毫无恻隐之心，道德沦丧殆尽。道德沦丧决定了安然的最终失败。

三、"安然"破产的启示

1. 恪守职业道德，保持职业尊严

"安然"事件，主要不是专业标准和员工的专业水平问题，而是如何坚守职业道德的问题。应该建立、健全行业自律组织，制定行业自律规范，并确保有效实施（奖惩、准入、退出等）。企业员工应坚守职业道德底线，保持职业尊严，"诚信为本，操守为重"。

2. 规范公司制度，保持监督的独立性

以安然审计制度为例，自20世纪90年代中期以来，"安达信"既是"安然"的外部审计人，又是内部审计人和提供管理咨询服务人；一只手教其做账，另一只手证明这只做账的手。换言之，"安达信"既是"安然"的裁判员，又是"安然"的运动员。为此，"安达信"每年从"安然"得到上千万美元的丰厚报酬，就这样，"安达信"还能保持最起码的独立性吗？ 因此，"安然"的丑闻同时也必定成为"安达信"的丑闻。这些充分说明，即使在美国这样市场经济比较健全的国家，在1997年就成立了独立性准则委员会的国家，连"五大"会计师事务所都时有严重违规，严重违反"独立性"的事件发生。虽然美国证监会（SEC）于2000年6月27日就提出了修改独立性规则的动议，

但会计师真正做到独立，公正从业仍然路途遥远。

3. 建立健全法制，加强政府监管

从"安然"轰倒及"安达信"丑闻，我们不仅看到了道德严重失范，更看到了法制的缺漏和政府监管乏力。因此，应该建立健全法制，既要规范企业，又要规范社会中介；对政府官员，对注册会计师进入企业任职，要有严格规定，具体要求，政府监督，监察部门也要严格执法，违者严惩不贷。2001年底，中国证监会发布的《A股公司实行补充审计的暂行规定》，可以视为是以中国注册会计师审计不可信或不完全可信为前提的监管措施。

【相关案例摘要】

一、海尔集团

海尔集团刚生产出滚筒洗衣机时，广东潮州一个用户给集团领导人张某写信，希望能帮他弄一台。张某派广州一位员工把一台洗衣机打出租车送到潮州去。车离潮州还有 2 公里，因手续证件不全被检查站扣住了，这个员工搬下洗衣机在路上截了许多车都没成功。只好背着这台 75 公斤重的洗衣机在 38 度高温下走了近 3 小时路才送到用户家里。用户还一直埋怨他来得太晚，职工没吭气立即安装洗衣机。后来用户知道真相非常感动。给《潮州日报》写了一篇稿子。海尔把"用户的烦恼减到零"的服务目标获得了巨大社会声誉。

二、日本企业

日本是一个经济大国，非常注重员工的职业道德建设。职工对企业有高度的忠诚心，在第一线作业的工人有高度的主人翁责任感。外国人一致评价日本人是"只知工作的小蜜蜂"。正是日本企业职工的勤劳及对企业的高度忠诚，才使日本保持了世界第一的劳动生产率，也才大大降低了日本产品的成本，使得日本企业得以用产品的低价来夺取国外的市场。

三、奔驰汽车

奔驰汽车成为世界著名的品牌，名列世界十大名牌的第二位。"奔驰"就等于优质！"奔驰"就代表豪华！今天，奔驰汽车已经在全世界人们心中牢牢地树立了这样的形象。奔驰成功的秘诀完全在于其无可挑剔的质量，在于每一个职工极为认真严肃的态度和高度敬业的职业道德。

四、同仁堂

"修合（制药）无人见，存心有天知"。同仁堂的职工"想病家患者所想，

做病家患者所需"；恪守"炮制虽繁必不敢省人工，品味虽贵必不敢减物力"的古训，自觉履行着职业道德规范；在抓中药时，他们严格遵守"一抓一查"的规矩。一次，一名顾客反映，买到的"天王补心丹"中混装着一丸"地榆槐角丸"。虽然混服这两种药并没有危险，但他们还是以极其负责的精神，把已经发售到各地的四万盒药品，一盒盒追了回来。

五、松下公司

松下公司的人才标准：① 不忘初衷而虚心好学的人；② 不墨守成规而经常出新的人；③ 爱护公司，和公司成为一体的人；④ 不自私能为团体着想的人；⑤ 作出正确价值判断的人；⑥ 有自主经营能力的人；⑦ 随时随地都是一个热忱的人；⑧ 能够得体的支使上司的人；⑨ 有责任意识的人；⑩ 有气概担当公司经营重任的人。

六、比尔

比尔出生于 1932 年，出生时大夫用镊子助产时不慎夹碎了大脑的一部分，导致比尔换上了大脑神经系统瘫痪，严重影响说话、行走和对肢体的控制。长大后州福利机关将他定为"不适于被雇佣的人"。专家说他永远不能工作。但他发誓一定要找到工作，最后怀特金斯公司很不情愿地接受了他，条件非常苛刻。1959 年，比尔第一次上门推销，反复犹豫了四次，才鼓起勇气摁响门铃。开门的人对产品并不感兴趣。接着是第二家，第三家。比尔的生活习惯让他始终把注意力放在寻求更强大的生存技巧上，38 年他几乎重复着同样的路线，每天都要走 10 英里。一年年过去了，上百万次的敲开一扇又一扇的门，销售额渐渐增加了，比尔成为销售技巧最好的推销员。现在比尔 60 多岁了，怀特金斯公司 6 万名推销员，比尔仍然是上门推销的推销员，尽最大努力照顾自己的顾客。他是公司历史上最出色的推销员，公司以比尔的形象和事迹向人们展示公司的实力。他第一个得到了公司颁发的杰出贡献奖，后来这奖只颁发给像比尔那样有杰出成就的人。公司总经理告诉他的雇员们："比尔告诉我们，一个有目标的人，只要全身心地投入到追求目标的努力中，那么就没有任何事情是不能做的。"

七、狗猛酒酸

宋国有个卖酒的人，其酒味美量足，招牌也醒目，但生意却很萧条，店主心里很不解，于是他一天去请教一位有见识的长者杨倩，杨倩说："因为你养在门口的狗太凶狠了，把买酒的人都吓走了啊。"欠缺文明礼貌的行为如猛狗一样挡住了顾客，使企业的经济效益下降。久之就形成一条谚语"悦来客店兴旺，狗猛酒酸萧条。"

八、塑胶大王

被称为"塑胶大王"的台湾塑胶企业创始人王永庆是台湾的巨富之一。但在六十年前，他只不过是米店的小工，家贫如洗。他靠"一勤天下无难事"的道理发展成为台湾的传奇人物。王永庆特别强调："企业的经营者应屏除一切的惰性与杂念，从本身开始痛下一番心理建设的功夫，脚踏实地从艰难的、根本的、比较乏味的管理问题入手，逐步引导其企业走向合理化经营的坦途，舍此别无他路。"多从自身进行挖掘以降低成本，而不是在客户身上打主意，他说："多争取一块钱生意，也许要受到外界环境的限制，但节约一块钱，可以靠自己努力；而节省一块钱，就等于净赚一块钱。"

第八章 员工职业素养与企业社会责任

目前，食品安全已成为全球广泛关注的问题，确保食品安全意义深远。

近年来，我国的食品安全问题频发，先后发生了毒奶粉、瘦肉精、染色馒头、地沟油、三聚氰胺等事件，更奇怪的是，社会还存在着农民不吃自己种的大米，饭店的老板不吃自己饭馆的饭菜的现象。而最近的塑化剂、速成鸡、药品鸡，更是将食品安全问题再次推上了风口浪尖。

这些现象一方面体现了虽然一些无良商贩缺乏社会责任感，另一方面也反映出我国食品安全监管制度的缺陷。在食品质量问题面前，明明已有不少企业为此付出了沉重代价，但仍有不少后来者踏上这条"不归路"，"前车之鉴"很难成为"后世之师"。

虽然制定、完善监管制度，在一定程度上可以有效解决问题，但监管毕竟只是手段，要从根本上解决这一问题，还需要培养食品产业从业人员的职业素养，让食品企业为自己的行为负责，自觉承担自己的那份社会责任。企业不能只看重短暂的经济效益，而应坚持可持续发展的原则，注重长远发展。只有这样，企业才能在激烈的社会竞争中立于不败之地，社会才能真正进步。

企业因文化而繁荣，员工的职业素养是企业文化的重要支柱，它对于企业文化建设、企业长远发展至关重要。企业的社会责任是一个永恒的话题，它自企业产生之初就开始了。企业是社会的细胞，任何一家企业要实现进步与发展，都离不开社会的进步与发展；同时，企业也是社会经济发展的重要支柱，社会的进步与发展必然依赖于企业的进步与发展。

第一节 员工职业素养

一、职业素养的内涵

职业素养是指职业内在的规范和要求，是在职业过程中表现出来的综合品质，包含职业道德、职业技能、职业行为、职业作风和职业意识等方面。实际上，职业素养就是一种工作状态的标准化、规范化、制度化，也就是在合适的时间、合适的地点，用合适的方式，说合适的话，做合适的事。

二、职业素养的内容

职业素养可以看成是一座冰山，冰山浮在水面以上的只有八分之一，它代表人的形象、资质、知识、职业行为和职业技能等方面，是人们看得见的显性的职业素养，而另外的八分之七则是隐藏在水面以下的隐性职业素养。总体而言，职业素养概括说来包含以下四个方面：

1. 职业道德

职业道德是指从事一定职业劳动的人，在特定的工作和劳动中以其内心信念和特殊社会手段来维系的，以善恶进行评价的心理意识、行为原则和行为规范的总和，是人们在从事职业活动的过程中形成的一张内在的、非强制性的约束机制。它是各种职业范围内特殊的道德要求，是一般社会道德和阶级道德在社会职业生活中的具体表现。

职业道德表达了职业义务、职业责任以及职业行为上的道德准则，反映职业、行业以至产业特殊利益的要求，是在特定的职业实践的基础上形成的，往往表现为某一职业特有的道德传统和道德习惯。职业道德表现为从事某一职业的人所特有的道德心理和道德品质，它往往比较具体、灵活、多样。职业道德一方面用来调节从业人员的内部关系，加强职业、行业内部人员的认同感、凝聚力；另一方面也用来调节从业人员与其服务对象之间的关系，用来塑造本职业从业人员的形象。职业道德有别于其他道德，它与特定的职业活动和特殊的职业关系相关，具有专业性、实践性、继承性和多样性等特点。

《中华人民共和国公民道德建设实施纲要》中明确指出："要大力倡导以爱岗敬业、诚实守信、办事公道、服务群众、奉献社会为主要内容的职业道德，鼓励人们在工作中做一个好建设者。"因此，我国现阶段各行各业普遍适用的职业道德的基本内容，即"爱岗敬业、诚实守信、办事公道、服务群众、奉献社会"。

2. 职业意识

职业意识又称职业思想，是人们对职业劳动的认识、评价、情感和态度等心理成分的综合反映，是支配和调控全部职业行为和职业活动的调节器，是职业道德、职业操守、职业行为等职业要素的总和，它包括创新意识、竞

争意识、协作意识和奉献意识等方面。职业意识是约定俗成、师承父传的，它主要通过法律、法规、行业自律、规章制度、企业条文等来体现。职业意识具有社会共性，也有行业或企业相通的。它是每一个人从事你所工作的岗位的最基本的，也是必须牢记和自我约束的。

职业意识具体表现为：① 对职业的社会意义和地位的认识。人们希望自己所从事的职业能对社会有所贡献，也希望自己的工作能得到相应的尊重、声誉和地位。② 对职业本身的科学技术水平和专业化程度的期望和要求。人们认为职业的知识性、技术性愈强，所需要的文化技术水平就愈高，也就愈能发挥自己的才能。③ 要求职业能与个人的兴趣、爱好相符。这种愿望和要求的实现，能使人们心理上得到满足，从而在职业活动中发挥自己的特长。④ 对职业的劳动或工作条件的看法和要求。它包括职业的劳动强度、工作环境、地理位置等客观物质条件，以及工作岗位上的人事关系、社会环境和职业的稳定性等。⑤ 对职业的经济收入和物质待遇的期望。它包括劳动报酬或经营收入，以及住房、交通、医疗卫生等社会福利。

职业意识的形成，主要受家庭和社会因素两方面的影响。家庭因素主要有：家庭的文化经济状况、生活条件、社会关系、家庭主要成员的职业和社会地位等。社会因素主要是社会风气、文化传统、政治宣传、学校教育等方面对人们的世界观、人生观等的影响。个人的心理和生理特征、受教育程度、个人的生活状况、社会经历等也在不同程度上影响着人们的职业意识的形成。

小故事： 小王和小李是同乡好友，是同一所中职学校毕业的学生，又在同一家公司上班，做同样的工作。小王在学校时就严格按照职业道德的要求去做，工作后，严格遵守各项规章制度，业务日益娴熟，很快成为业务骨干，三年后被提升为车间副主任。

小李在校时就对各种道德规范很排斥，认为规矩太多，约束了自己的自由。参加工作后总是马马虎虎，大大咧咧，经常出一些小差错，有一次还差点酿成事故，同事对他有意见，领导多次批评无效，只好将他辞退。

---

3. 职业行为习惯

职业行为习惯是指从事一定职业劳动的人，在特定的工作和劳动中经过不断实践而逐渐适应、形成的行为模式。职业行为习惯可以通过有意识练习形成，也可以是无意识地多次重复或只经历一次就形成。它从一定层面上反映了一个人的职业能力。

良好的职业行为习惯有助于个人职业能力的提升。一般而言，良好的职业行为习惯具体表现在：① 清楚掌握公司的各种行为规范与办公流程；② 及时主动反馈工作当中遇到的瓶颈与问题；③ 做定期的工作计划、工作笔录与工作总结；④ 仔细倾听上级的工作布置与安排不懂就问；⑤ 服从工作布置与安排勇于承担责任与风险；⑥ 工作期间对自己的工作做定期的上级汇报；⑦ 回复上级命令或指示，不能等上级来过问。

小故事：病房里，卫校实习生小丁准备给病人打点滴。刚要注射时，一不小心，手碰到了一次性注射针头上。尽管患者没有看到，当时病房里也没有别人，而且小丁的手也刚刚消过毒，但她还是决定更换一只新的注射器。

4. 职业技能

根据我国具体情况，有人将职业技能定义为：按照国家规定的职业标准，通过政府授权的考核鉴定机构，对劳动者的专业知识和技能水平进行客观公正、科学规范地评价与认证的活动。不同的行业、不同的工种有不同的技能标准，因此要认识职业技能，需要先认识国家职业标准。

所谓"国家职业标准"，是指在职业分类基础上，根据职业的活动内容，对从业人员工作能力水平的规范性要求。它是从业人员从事职业活动，接受职业教育培训和职业技能鉴定的主要依据，也是衡量劳动者从业资格和能力的重要尺度。职业标准除包括知识要求和技能要求外，还包括职业环境与条件、教育水平、职业道德等内容。国家职业标准包括职业概况、基本要求、工作要求和鉴定比重分四个部分，其中工作要求为国家职业标准的主体部分。

小资料： 　　　　　**建筑行业初级油漆工技能标准**

职业技能等级要求中，初级建筑油漆工应符合下列规定：

（1）理论知识。

——了解建筑识图的基本知识；

——熟悉油漆施工中的安全和防护知识；

——了解本职业施工质量要求；

——熟悉一般常用材料知识；

——掌握建筑油漆工常用手工工具的使用方法；

——熟悉普通油漆材料的调配方法；

——了解油漆保管常识及冬季施工注意的问题；

——掌握建筑油漆工一般施工工艺。

（2）操作技能。

——会常用油漆材料的识别；

——会常用工具的选用；

——会调配大白浆、石灰浆；

——会墙面刷油漆操作；

——会墙面刷石灰浆操作；

——会墙面滚涂水性涂料。

——会消防器材的使用。

　　前面论述的职业素养中的前三项，即职业道德、职业意识和职业行为习惯是职业素养中最根基的部分，而职业技能是支撑职业人生的表象内容。前三项属世界观、价值观、人生观范畴的产物。从出生到退休或至死亡逐步形成，逐渐完善。而后一项通过学习、培训比较容易获得。但是，如果一个人基本的职业素养不够，比如说忠诚度不够，那么技能越高的人，其隐含的危险越大。当然，做好自己最本质的工作，也就是具备了最好的职业素养。职业素养的培养，应着眼于整座冰山，并以培养显性职业素养为基础，重点培养隐性职业素养。

第二节　企业社会责任概述

一、企业社会责任的起源与发展

　　社会责任（social responsibility，简称 SR）作为一种思想，可以追溯到2000多年前的古希腊时代。哈佛大学的爱伯施塔特（Eberstadt）曾引述亚里士多德的原话来说明现代企业社会责任思想的渊源："在一个治理很好的社会中，……公民不能过着匠人或商人的生活，这样的生活毫无高尚可言，并且也有损于人格的完善。"[①]在古希腊时代，社会重视社区利益并压制逐利行为，商人迫于社区的压力而采取社会性的行为。

---

① 沈洪涛，沈艺峰. 企业社会责任思想起源与演变[M]. 上海：上海人民出版社，2007.

传统理论对社会责任的理解源于亚当·斯密的《国富论》。企业如果能尽可能高效地使用资源以生产社会需要的产品和服务，并以消费者愿意支付的价格销售给它们，企业就尽到了自己的社会责任。"传统的法律建立起来的原则是，企业董事、高级管理人员在法律上对股东承担受信义务，企业只应当对股东利益最大化责任，即所谓股东至上。"[①]企业唯一的社会责任就是在法律允许的范围内，实现其自身利润的最大化。

对于早期的企业，利润最大化是其追求的唯一目标。它没有责任也没有义务去完成本应由政府或社会完成的工作，它可以采用任何不违法的方式和手段去实现其目标。

18世纪中后期英国完成第一次工业革命后，现代意义上的企业有了充分的发展，但企业社会责任的观念还未出现，实践中的企业社会责任局限于业主个人的道德行为之内。到了18世纪末期，西方企业的社会责任观开始发生了微妙的变化，表现为小企业的业主们经常捐助学校、教堂和穷人。进入19世纪以后，两次工业革命的成果带来了社会生产力的飞跃，企业在数量和规模上有了较大程度的发展。这个时期受"社会达尔文主义"[②]思潮的影响，人们对企业的社会责任观是持消极态度的，许多企业不是主动承担社会责任，而是对与企业有密切关系的供应商和员工等极尽盘剥，以求尽快变成社会竞争的强者。这种理念随着工业的大力发展产生了许多负面的影响，各种社会矛盾和社会公害也相伴而来，于是人们开始反思企业的盈利性以及自由资本主义的根基即利益最大化原则。现代企业出现形成了所有权与经营权相分离，这种分离的管理模式催生了管理者资本主义挑战自由经济及其所信奉的利润最大化原则，从而产生了现代企业社会责任的思想。"赚钱行善"成为企业社会责任的一种通俗理解；同时，主张"当今的大企业不只是可能参与社会责任，而是非常应该去承担社会责任"，在这种背景下，美国学者谢尔顿在1924年提出了企业社会责任(corporate social responsibility，简称 CSR)这一概念。其后，由于在世界范围内爆发前所未有的经济危机，以1929年美国股市的大崩盘为标志，美国进入大萧条时期，企业纷纷破产、失业率上升、税收锐减等社会问题日益严重。在这个背景下，在20世纪30年代美国发生了一场关于企业社会责任的持续争论，并形成了两派观点鲜明的对立立场。其中以伯

① 施天涛. 企业法论[M]. 2版. 北京：法律出版社，2006：49.
② 社会达尔文主义是将达尔文进化论中自然选择的思想应用于人类社会的一种社会理论。最早提出这一思想的是英国哲学家、作家赫伯特·斯宾塞，他认为社会可以和生物有机体相比拟，社会与其成员的关系有如生物个体与其细胞的关系。这种思想常被利用来强调人种差别和阶级存在的合理性以及战争不可避免等。

利（Berle）为代表的学派认为，企业存在的唯一目的就是为股东牟利，企业管理人只对企业的所有者股东承担受托人的责任。另一派是以美国哈佛法学院的多德（Dodd）教授为代表的，他们认为企业的董事会必须成为真正的受托人，他们不仅要谋求企业发展与股东的利益最大化，而且要考虑利害相关人的利益，如员工、消费者，特别是社会整体利益。

到 20 世纪 50、60 年代以后，企业社会责任逐渐成为一种主流思想，并在实践中被广泛运用。虽然在 20 世纪 50 年代和 90 年代分别掀起两次关于企业社会责任的论战，但最终的结果是越来越多的企业积极履行社会责任。1970 年 9 月 13 日，诺贝尔奖得主、经济学家米尔顿·弗里德曼在《纽约时报》刊登题为《商业的社会责任是增加利润》的文章，指出"极少趋势，比公司主管人员除了为股东尽量赚钱之外应承担社会责任，更能彻底破坏自由社会本身的基础"，"企业的一项、也是唯一的社会责任是在比赛规则范围内增加利润"。社会经济观认为，利润最大化是企业的第二目标，企业的第一目标是保证自己的生存。"为了实现这一点，他们必须承担社会义务以及由此产生的社会成本。他们必须以不污染、不歧视、不从事欺骗性的广告宣传等方式来保护社会福利，他们必须融入自己所在的社区及资助慈善组织，从而在改善社会中扮演积极的角色"。

20 世纪 80 年代，企业社会责任运动开始在欧美发达国家逐渐兴起，它包括环保、劳工和人权等方面的内容，由此导致消费者的关注点由单一关心产品质量，转向关心产品质量、环境、职业健康和劳动保障等多个方面。20 世纪 90 年代初，耐克、沃尔玛、迪斯尼等大型跨国企业，为了更好地维护自己的社会形象，纷纷制定了自己企业的社会责任守则，除了公司自身严格按照守则执行外，还同时用守则严格要求供应商。欧洲、美国、澳大利亚等国家也先后出现了一些"企业社会责任"的多边组织。

1997 年 10 月，全球首个道德规范国际标准 SA 8000 公布，它是根据国际劳工组织公约、世界人权宣言和联合国儿童权益公约制定的，适用于世界各地、任何行业、不同规范的企业，其宗旨是确保供应商所提供的产品，皆符合社会责任标准的要求 SA 8000 标准。1999 年 1 月，在瑞士达沃斯世界经济论坛上，联合国秘书长安南提出了"全球协议"，并于 2000 年 7 月在联合国总部正式启动，该协议号召各企业遵守在人权、劳工标准和环境等方面的九项基本原则。2002 年，联合国正式推出《联合国全球协约》（UN global compact）。协约共有九条原则，联合国恳请公司对待其员工和供货商时都要尊重其规定的九条原则。

二、企业社会责任的概念

关于企业社会责任的概念描述，最早见于美国学者谢尔 1924 年的著作 *"The Philosophy of Management"* 中。他把企业社会责任与企业经营者满足产业内外各种人类需要的责任联系起来，并认为企业社会责任含有道德因素在内。

20 世纪 30 年代，美国多德（Dodd）指出：公司对雇员、消费者和公众负有社会责任，尽管这些社会责任未必见诸法律而为公司的法定义务，但应当成为公司管理人恪守的职业道德。1953 年，被称为"企业社会责任之父"的霍华德·博文（Howard R. Bowen）出版了《商人的社会责任》一书，他在书中将企业社会责任定义为：商人按照社会的目标和价值，向有关政策靠拢、做出相应的决策、采取理想的具体行动的义务。1961 年，Eells 和 Walton 进一步发展了企业社会责任的观念，他们认为"当人们谈论有关企业社会责任时，他们正在考虑的是公司、企业给社会带来的负面影响，以及在处理公司与社会之间关系应当遵循的伦理准则"。1979 年，著名学者卡罗尔（Carroll）给出了一个综合性的定义，他认为企业社会责任是指社会在一定时期内对企业提出的经济、法律、伦理、慈善方面期望的总和。

世界银行定义"企业社会责任"为："企业与关键利益相关者的关系、价值观、遵纪守法以及尊重人、社区和环境有关的政策和实践的集合，它是企业为了改善利益相关者的生活质量而贡献于可持续发展的一种承诺"。

道·琼斯可持续发展指数、多米尼道德指数认为，"从广义上来说，企业社会责任是指企业对社会符合道德的行为，特别是指企业在经营上须对所有利害关系人负责，而不是只对股东负责"。

总体来说，国外对企业社会责任的内涵主要分为以下几种观点：

1. 以菲利浦·科特勒（Philip Kotler）及南希·李（Nancy Lee）为代表的慈善责任论

他们认为，企业社会责任是企业的一种自我承担，通过"自愿"的商业行为及"自愿"地贡献本身资源去改善社区的福祉。这种"自愿"行为，本身不是法律所规定的，甚或不是公众的要求，而是一种超越道德、法律、一般商业运作或公众期望等的自愿性商业行为。

2. 以谢尔顿为代表的道德责任论

他们认为，企业社会责任中蕴含的主要因素是道德责任，企业在获取利润时，不能够以破坏环境和浪费资源为代价。只要企业避免或者纠正了它所造成的损害，即满足了对它的社会责任要求。

3. 以斯蒂纳为代表的法律责任论

他们认为，企业的社会责任是法定的必须承担的责任，其特点是具有法定性和强制性，因而这种责任企业是否真正履行，直接涉及法律问题，所以它属于法制性责任。"企业的社会责任，就其本质和基础而言，主要是指企业对于社会所应承担的法律责任"

4. 以卡罗尔为代表的综合社会责任论

该观点主要体现为金字塔理论，认为金字塔的底层是经济责任，因为企业必须获利才能生存；第二层是法律责任，因为企业必须遵纪守法；第三层是道德责任，即企业的所有员工有义务公正、公平和正确地行事；第四层是慈善责任，处于金字塔的顶端，它使企业成为一个合格的公民。企业慈善责任是建立在经济责任、法律责任和道德责任基础之上的，只有履行了前三个责任之后才能履行慈善责任。

5. 以爱德华·弗里曼（Edward Freeman）为代表的利益相关者论

利益相关者理论兴起于 20 世纪 70 年代。该理论认为，企业并非简单意义上的法律虚构物，它代表了特定利益集团的意志。特定利益集团不仅包括股东，而且包括债权人、员工、客户、政府和社区等企业利益相关者。企业的利益相关者通过向企业提供不同的资源、承担不同的风险而具有不同的收益要求，企业不仅要为股东的利益着想，还要为其他利益相关者服务，股东为企业提供的资源是实物资本，享受的是剩余收益，承担了比其他利益相关者更大的风险。

我国学术界对于企业社会责任的关注始于 20 世纪 90 年代。对于何为企业社会责任，观点各异。刘俊海认为，"所谓'企业的社会责任'，是指企业不能仅仅以最大限度地为股东谋求营利作为自己的唯一存在目的，而应当负有维护和增进社会其他主体利益的义务，由于企业的社会责任是对企业绝对营利性目标的一种修正，企业的社会责任也可以被称为企业的社会性或企业营利性性质的相对性。"卢代富认为，"企业的社会责任是企业道德义务和法律义务的统一体，在企业所承担的社会责任中，很大一部分是企业承担的伦理上、道德上的责任，包括了将企业经营活动所产生的收益回馈给社会而进行的各种慈善捐赠活动，企业所举办的各种社会公益活动，以及企业为社会利益而约束其追求利润目标等道德上的责任，与此同时，企业还负有相应的法律上的责任，两者统一存在于'企业社会责任'这个范畴之下，共同构成一个完整的企业社会责任。"我国台湾学者刘连煜认为，"企业社会责任乃指营利性的企业，于其决策机关确认某一事项为社会上多数人所希望者后，该营利性企业便应放弃营利之意图，符合多数人对该企业之期望。"

实际上，关于企业的社会责任，目前国际上并没有一致的定义。一般地，所谓"企业社会责任"，是指企业除了要为股东追求利润外，也应该考虑相关利益者，即影响和受影响于企业行为的各方的利益，即要承担对员工、消费者、社区、环境、政府、竞争对手、社会大众的社会责任，包括遵守商业道德、生产安全、职业健康、保护员工合法权益、保护环境、捐助社会公益和慈善事业、保护弱势群体等等。本书也支持这一观点，认为企业社会责任就是企业对其利益相关者应承担的义务。

第三节　企业社会责任产生的原因

小资料：美国著名的智囊公司——兰德公司花费了 20 年的时间跟踪世界 500 家大公司，发现百年长盛不衰的企业都具有一个共同特征，就是树立了超越利润的社会目标，不以利润为唯一追求目标。该社会目标具体包括三条原则：一是人的价值高于物的价值；二是共同的价值高于个人的价值；三是客户价值和社会价值高于企业的生产价值和利润价值。这表明，那些能够持续成长的公司，尽管它们的经营战略和实践活动总是不断地适应着变化的外部世界，却始终保持着稳定不变的超越利润最大化的核心价值观和基本目标。

一、市场经济发展的需要

市场经济的动力机制是利益驱动，企业是创造利润的机器，企业的基本

目标是追求利润的最大化。当企业利益与外部利益发生矛盾时，企业为实现内部利润最大化有可能会损害外部利益。但随着经济全球化的不断发展，国民经济高速增长，国际交流日益加深，企业规模不断扩大，企业对社会生活的影响日益深入，企业在经济社会发展中发挥着越来越重要的作用，担负更多的社会责任成为现代社会对企业的普遍期望和要求。企业传统的价值观和责任观念也发生了巨大的变换，企业更加关注赖以生存和发展的自然资源、生态环境，更加关注社会全体成员的安全和健康、劳动者健康和商业伦理，更多地承担对利益相关者和社会的责任，已经成为企业长远发展的必然趋势和唯一选择。

在当今世界范围内，企业履行社会责任作为推动企业与社会、环境和谐发展的时代潮流，已经得到政府、社会和企业的高度关注与支持，企业社会责任运动已经发展成为全球化的浪潮。改革开放以后，随着我国经济社会发展，企业社会责任问题日益引起关注和重视。党中央提出树立和落实以人为本、全面协调可持续的科学发展观与构建社会主义和谐社会的重要战略任务之后，我国政府和社会各界更加重视企业社会责任问题，逐步认识到推动企业履行社会责任，是落实科学发展观的具体行动，也是企业参与和谐社会建设的根本途径。企业履行社会责任的紧迫性与重要性得到广泛认同。

二、社会文明进步发展的需要

随着社会文明的前进，管理趋于制度化、规范化。企业产生之初，工厂的科学管理制度备受推崇，其所提倡的员工动作的科学分解与程序化，实际上更多地限制了员工的个性自由。

随着现代企业制度的逐步建立，社会政治制度不断规范，人们的思想观念和消费意识都发生了巨大的改变，人们对其生存的环境有了更高的期望，人们渴望安全的生存环境，健康的生活发展，和谐的发展环境，优越的消费环境，这也对企业提出了更高的客观要求。因此，企业不但要不断增强其规范化、程序化和制度化，更重要的是要做到以人为本、保障人的自由全面发展。

企业在从事生产经营活动、生产或创新产品的时候，不综合考虑、全面分析和科学论证，关注产品对社会、对相关方及消费者造成的影响，全面分析产品生产过程的安全、对消费者对客户的安全。同时，也要考虑其生产经营活动对所有员工、股东等产生的影响。简言之，企业应该在从事生产经营时，充分、全面、负责地考虑安全问题。

同时，企业还要充分考虑产品的生产、流通、使用等环节对环境可能产生的影响，以及对环境可能造成的潜在风险；要全面考虑产品如何投入环境中的方式以及其使用的安全性；要全面考虑产品废弃的时候，对人类的生存环境可能造成的影响；考虑产品的生产、运输、流通安全，要做到尽可能详尽、科学的论证。

作为社会的基本细胞，企业的生存发展与人类社会的生存与发展息息相关。企业的发展壮大，依赖于良好的社会环境，这是企业生存和发展的基础。因此，企业在进行生产经营决策时，就应该考虑自身将给社会带来什么，考虑社会的需求是什么，将企业的社会责任纳入自己企业的战略决策中去。在进行生产经营决策时，必须全面、综合地考虑企业生产经营过程以及最终产品的经济价值，考虑其对社会可持续发展的影响，真正地做到对客户、对消费者、对环境、对社会等利益相关者负责。

三、企业参与全球化竞争的需要

从国际上看，重视企业社会责任已成为时代潮流和发展趋势，国际社会开始把一些社会责任的内容放进了企业产品、品牌、竞争力认证的内容，甚至把社会责任放进国际贸易，有些把其作为贸易战的筹码，因此我国企业要想参与全球竞争，就必须顺应国际潮流。

当前，我国有不少企业，参与全球性的生产协作和分工，主要是遵守跨国公司制定的游戏规则，被动接受。发达国家各大公司也加强了对我国出口加工企业和外贸企业社会责任的监控，并频频发难。发达国家实施贸易壁垒包括绿色贸易壁垒、蓝色贸易壁垒和技术贸易壁垒。其中，绿色贸易壁垒以保护自然资源、生态环境和人类健康为由，通过颁布复杂多样的环保法规、条例、建立严格的环境技术标准及制定繁琐的检验、审批程序，从而达到保护本国产品和市场贸易的目的；蓝色贸易壁垒以保护蓝领工人为目标，对违反劳工标准的国家和企业实施制裁与惩罚的立法力度，提高发展中国家外贸出口的门槛；技术贸易壁垒以技术为支撑条件，即商品进口国在实施贸易进口管制时，通过颁布法律、法令、条例、规定、建立技术标准、认证制度、卫生检验检疫制度、检验程序以及包装、规格和标签标准等，提高对进口产品的技术要求，增加进口难度，最终达到保障国家安全、保护消费者和保持国际收支平衡的目的。

总体来看，这些贸易壁垒都可以打着企业社会责任的旗号，而企业社会责任及其国际认证标准自 1997 年诞生以来，越来越受到关注，已成为国际市场竞争中的又一重要武器。因此，企业社会责任与国际贸易某种形式的挂钩或联系，也是一个必然的要求和趋势。在这样的背景下，我国企业要想不断增强在国际市场上的竞争能力，就必须尽快适应国际社会责任标准，将自己放在国际社会责任标准的体系中，遵守国际准则和全球协定，进行全面的衡量。

强化企业的社会责任，是企业实现可持续发展的有效途径，也是企业走向世界的必然要求。在经济全球化背景下，我国企业要想积极加入全球生产体系、参与国际竞争，主动承担起社会责任已是必然要求。

四、社会责任现实的需求

相对于发达国家而言，发展中国家的大多数企业存在的社会责任问题比较突出。

我国的改革开放是在极低的经济水平上起步的，发展生产力是国家的首要任务。在当时人均 GDP 不足 300 美元的情况下，为解决和改善基本生存条件，国家和企业的注意力几乎全部集中于短期的经济利益，这种不惜代价地创造经济增长的观念，使人们的发展理念逐渐进入了误区。改革初期，中国企业普遍存在资金缺乏、技术落后、效益不高的现象，所以在以经济建设为中心的宏观指导下，大部分企业以利润最大化为主要目标，刻意忽视了企业社会责任。尽管近年来国家一直强调可持续发展，但是高消耗、低效率、重污染，以大量的资源、劳动投入和环境投入换取高增长的理念却一直深深地影响着大批的企业，使一些企业在企业利益与社会利益的处理上，往往把追求利润的最大化放在了经营生产的第一位，只注重经济效率，忽视了企业赖以生存的环境、社区以及社会的可持续发展，最终导致了严重的问题。特别是近年来，因为一些企业盲目追求短期经济利益的快速增长，缺乏履行社会责任的意识，对企业与社会关系的定位认识不清，漠视企业社会责任，导致频频发生一系列问题，诱发和激化社会矛盾，扰乱市场经济秩序，危害经济可持续发展，损害和谐社会的构建。

如何强化企业与社会的关系，如何强化企业的社会责任，企业到底应该承担哪些社会责任，成为摆在我们面前的现实问题。企业如何牟利，如何维

护消费者的合法权益，不仅仅需要法律的保障，更需要一定的思想道德境界的保障。为了解决当前利益与长远发展的矛盾，众多企业意识到企业社会责任的重要性，并普遍接受了这一使命。

案例：　　　　　　　蒙牛的社会责任之路

内蒙古蒙牛乳业（集团）股份有限公司在战略决策中，将消费者、股东、银行、员工、合作伙伴和社会"六满意"作为企业的立身之本，将企业利益寓于社会利益之中，用"股东投资求回报，银行注入图利息，合作伙伴需赚钱，员工参与为收入，父老乡亲盼税收"的经营理念教育员工。

蒙牛公司的核心价值是消费者的利益。为了保证牛奶的质量，1999 年，蒙牛公司在建厂资金缺乏的情况下，率先建起国内同行业第一个奶车"桑拿浴车间"。虽然每年为此支出几百万元，但赢得了更好的信誉。

在对员工的培养和人才使用上，蒙牛公司的理念是"有德有才破格重用，有德无才培养使用，无德有才限制使用，无德无才坚决不用"使得每个员工都能够发挥其个人价值。

在与社会的关系中，蒙牛公司的名言警句是"小胜凭智，大胜靠德"。该公司一直积极投身公益事业，"非典"期间，首家捐款捐奶 1 200 万元抗击"非典"；教师节前夕，向全国 16 个城市 125 万名教师送健康，总价值达 3 000 多万元；神舟五号载人航天，是"航天事业合作伙伴"；迎战奥运会，向国家队运动员免费提供了连续四年的"牛奶套餐"；为了倡导"每天一斤奶，强壮中国人"的健康理念，向全国 500 所小学的学生免费提供一年的牛奶等。此外，蒙牛也做了大量扶危济困的工作，例如捐助地震灾区，为印度洋海啸捐款，为红十字会捐款，慰问贫困户，救济贫困生，向奶农免费发放种草补贴，为奶农提供养牛保险等等。其公益理念是：只要事关国家、民族大业，公司都积极参与；只有企业关心老百姓的事，老百姓才会关心企业的事。应该说，蒙牛的这一系列做法确实给它带来了昔日的辉煌，也就有了蒙牛神话。

但是，随着企业的壮大，蒙牛的服务理念、管理上的弊端也开始显现。先是 2011 年的三聚氰胺，而后是 2012 年的篡改生产日期，虽然蒙牛的危机公关做得很及时，但还是引发广大网友对于蒙牛的不信任和网络口水。很多网友留言"珍爱生命，远离蒙牛"、"我能说脏话吗"、"为什么还不倒闭？"等来表达对蒙牛推卸责任的愤怒和失望。蒙牛已经遭遇到了空前的信任危机。

第四节 我国企业履行社会责任分析

一、我国企业社会责任的现状

随着我国现代企业制度的逐步建立，企业的市场主体地位日益受到尊重并得到落实。在社会主义市场经济体制下，追求利润最大化使企业获得了前所未有的活力与动力，企业成了经济发展的强劲引擎，在这种引擎的推动下，我国经济持续快速发展，综合国力快速提升，人民生活得以明显改善。

在计划经济体制下，我国实行的是社会主义公有制经济制度，这种大而全的无所不包的经济体制，使企业成为政府的附属物，因此，企业不是独立的市场主体，一些本应由政府承担的社会职能都应由企业来承担。在这种形式下，企业实际上承担了极其广泛的社会责任，包括职工的就业、劳动保护、扶贫、企业办社会等等。随着改革开放的不断深入，特别是企业独立的市场主体意识的增强，企业逐步减轻了"办社会"导致的企业负担过重，同时，又把本应由政府解决的一些社会职能逐步交给政府。随着中国经济体制改革的不断推进、社会主义市场经济的逐步完善以及国际经济一体化，企业融入到国际化的大家庭，尤其是在制造业领域，中国企业更是后起之秀，发展迅速，又由于中国产品的优良质量和廉价成本，跨国公司纷纷采购中国产品。在采购的过程中，跨国公司通过一些社会责任标准来考核和监督制造厂商的标准执行情况。继质量管理体系（ISO 9000）、环境管理体系（ISO 14000）之后，社会责任标准（SA 8000）在我国产品出口行业中逐步实施。越来越多的企业，特别是国内的一些大企业，开始认识到社会责任对于企业的重要性，努力做一个优秀的"企业公民"。

在不断推进对外开放、融入国际社会的背景下，企业社会责任的理念在20世纪90年代开始传入我国，并且逐步被我国的公司和公众所接受。随着我国逐渐步入全球化，全球500家大公司已有2/3以上在我国设立了企业或机构。与此同时，中国企业因为缺失社会责任所引发的社会问题也日益突出，并被国际社会所关注。越来越多的企业认识到，企业不仅是区域经济的基本组织，也是区域社会的基本组织，更是一个可以直接贡献或破坏自己环境生态、社会生态的重要角色。中国企业要在世界市场上立足，除了要有过硬的产品和技术以及管理，还要有符合国际规则的社会道义和责任。

二、我国企业社会责任存在的问题

虽然，经过近二十年的发展，我国大部分企业已经意识到企业社会责任的重要性，也开始主动承担社会责任方面一些事务。但不可否认的是，相对于发达国家的企业，我国企业还有很长的路要走，社会责任的缺失在我国各地屡见不鲜。2004年阜阳奶粉事件，毒害了众多的婴幼儿；2005年吉林化工厂爆炸，造成松花江下游流域严重污染；2006年黑龙江、山西矿难仍旧此起彼伏，数百名矿工遇难；2007年国产牙膏"二甘醇"风波，国外禁国产牙膏，认定其对身体有毒害作用；三鹿奶粉事件，再现问题奶粉毒害婴幼儿；2009年，血汗工厂成为年度词汇；2010年，三聚氰胺卷土重来，让人谈乳色变；2011年，双汇瘦肉精事件；2012年毒胶囊，让人们连生病也不敢吃药了。总体来看，我国企业社会责任的问题主要体现在如下方面：

1. 企业在追求利益时，忽略了社会责任的重要性

我国企业由于刚起步一二十年，尚未形成成熟的社会责任感，这就造成了企业的唯一目标便是追求利益的最大化。有些企业为了追求利益，忽略社会责任，或者不负社会责任，有的甚至扭曲了社会责任，只顾企业自身利益，而忽视了丰富人民群众的物质生活责任感，达到了"为富不仁"的地步。以矿业企业为例，现实生活中，关于矿山业主违纪违法的相关负面报道不少。但是在谈及矿老板，人们脑海中首先闪现的仍然多是"黑心老板"这一形象。这主要是因不少企业随意排污排废，致使河滩农田被占，河道污染，环境严重污染，虽然附近村民上访不断，有关部门也掌握了相关情况，却奈何不得。

2. 企业生产过程监控不严，问题多多

企业缺少对消费者负责的态度，缺少对生态环境负责的态度。企业最终遵循的发展模式应该是循环的可持续发展。对消费者负责，保证企业本身能在市场中占有一席之地；对生态环境负责，保证企业发展有源源不断的生产资料，而不是在不断寻找新的生产资料上费功夫。近几年，每年国内大事件中，都会有企业因不遵守法律法规，造成严重后果的事件发生。出事企业事后的冷漠，更是让消费者寒心，再次体会了国内企业对社会责任的严重缺乏，甚至是忽视。

3. 企业缺乏伦理感，包括人权意识和环保意识

这主要是由于企业负责人伦理道德的低劣造成。温家宝总理曾在"三聚氰胺"事件中说过"企业家身上要流着道德的血液"，但越来越多的恶性事件显示构建道德底线之艰难。今年闹得沸沸扬扬的王老吉和广药业务员因促销而不断血战，蒙牛的"陷害门"、明胶药用胶囊等事件无一不让人感叹企业伦理道德的沦丧。我国企业在这方面还有一个很致命的问题，大多数企业依靠

牺牲破坏生态资源来换取经济利益，很少有企业会通过生产技术和产业结构上的改革来提高经济效益。企业缺少环境保护的意识。

4. 我国的企业慈善事业发展不到位

我国的企业慈善事业发展不到位主要是国内企业的捐赠理念和内在驱动力不足。"5·12"大地震后，一些国内企业表现非常突出。"王老吉"一个企业就捐赠了 1 亿元资金。但是令人心痛的是，许多大型企业却反应迟缓，甚至表现冷漠。中国企业理念认为，企业的责任就是创造利润，捐赠理念是"回报社会、造福桑梓"。同时中国的制度化方面不完善，或者完全被动的响应政府的号召，没有明确的目的和计划，更谈不上制度化。

5. 我国企业缺少自己的企业文化

企业文化对企业的发展有不可忽视的作用。作为企业发展的软条件之一，企业文化可以帮助企业很好地融入社会当中，和社会形成互动。但是我国企业很少拥有自己的企业文化，只有某些大企业拥有自己的企业文化，然而这些企业文化多是督促员工努力工作，如何更好地降低成本，扩大生产，很少与社会责任相关。这些也就造成了企业在社会上过于独立，没有真正融入社会，更别说参加城市建设、文化发展了。

三、我国企业社会责任存在问题的原因

1. 企业社会责任意识薄弱

在计划经济时代，我国"企业办社会"的现象很普遍，随着市场经济体制改革的不断深入，企业逐步成为了独立的法人，本应属于社会的职能从企业中分离出去，企业的责任相对有所减少。同时，随着市场经济的发展，生产资料所有制形式出现多样化，再加上从计划经济到市场经济的转型带来的道德评价标准的混乱，对经济主义价值理念的过分追求，使得企业淡化了企业社会责任。中国企业社会责任研究报告表明，我国大部分企业缺少社会责任系统管理。只有少数报告披露了企业社会责任规划，绝大部分企业缺乏社会责任工作的规划和计划。这也是中国企业社会责任报告普遍采用"事后总结"方式编制的重要原因。中国企业社会责任发展中心对中国 1 500 家企业进行的调查表明，8% 的受访企业没有社会责任部，8% 没有可持续发展部，16% 没有环境管理部，37% 没有公共关系部。相关数据表明，我国大部分企业还没有设置专门的企业社会责任管理机构，也就是还没有把企业社会责任作为企业的专门一项工作对待。社会责任意识的淡薄直接导致了许多企业为了盲目追求短期内的利润最大化，而不惜损害职工、消费者、债权人的合法

权益，掠夺式的滥用自然资源，肆无忌惮的破坏生态环境，假冒伪劣产品充斥市场，安全事故频发。

2. 企业内部机制不健全

作为社会责任的承担主体，企业的一举一动必然决定着其社会责任的担当和履行，因此构建企业履行社会责任的内部机制是不能忽视的重要因素。经过多年的改革，我国的经济虽然已经有了长足的发展，但是全社会范围的单GDP经济发展模式严重地制约了我国企业的管理方式、管理水平以及经营理念。

首先，企业经营管理理念不科学。公司治理结构决定了公司的运营方式。不规范的公司治理结构导致公司及其管理层为了追求短期经济效益，而不愿意为公司长期发展和竞争力支付社会成本，这是公司漠视社会责任的根本原因。传统的公司治理模式严重地影响了我国企业的经营理念，很多企业没有树立正确的生产经营意识，缺乏开放式经营和长远发展的思想，将目光局限于企业内部，没有将企业的生产经营与整个社会结合起来，不惜以牺牲社会利益为代价，追求眼前利益最大化，而且许多企业还没有树立"以人为本"经营理念。

其次，企业履行社会责任的自律机制缺乏。虽然我国《公司法》中对职工参与公司机关制度有所体现，但是也存在一些缺陷，不利于公司对职工实现其社会责任。基本上，通过职工监事的作用来维护职工利益的愿望很难实现，通过参与监事会来维护职工自身利益在中国现行的公司治理结构下意义不大。另外，现行公司法在企业社会责任方面几乎没有考虑到债权人利益、消费者利益以及社区和环境等利益的存在，更没有考虑作为整体的社会对企业的普遍要求。而这些利益群体的利益若要在公司的发展中取得相应的体现，不能仅寄希望于企业的自觉行为，而应该在企业内部结构的法律规制中给予相应的设计，但我国现行有关公司规制的法律中对此却没有规定。

最后，企业信用制度不健全。诚信是企业生存的基本。企业由于受经济利益的驱使而丢失诚信，采用短期行为，简单追逐当前发展优势，而尽量减少当前投资成本，急功近利，放纵不负责任的行为，不仅仅会大大提高整个社会经济的运作成本，造成社会资源的极大浪费，而且会造成企业利益与社会利益的不和谐，最终使企业形象受损。

因此，加强公司治理，改变公司的经营理念，培养企业良好的信用制度，是企业自觉履行社会责任的根本内在驱动力。

3. 相关的法律法规制度不健全

我国正处在社会转型期，部分旧的制度约束已经衰落，而新的、适应社会主义市场经济发展要求的制度约束又还很不成熟和完善，没有完全建立起

来，从而使当今社会缺乏相应的制度措施对企业逃责、避责进行约束和处罚。所以当经济利益和社会责任发生矛盾时，一些企业往往片面地追求眼前经济利益，而忽视甚至故意逃避自己应承担的社会责任。企业社会责任是企业道德责任与法律责任的统一体，通过强制性的法律责任，可以使企业在决策和社会整体的氛围等方面感受到责任感，并自觉承担起自己的社会责任。尽管我国通过行政手段促使企业在履行社会责任方面取得了一定效果，但是在立法方面，我国法律在塑造企业承担社会责任的外部环境上存在一定缺陷，目前我国并没有在法律上对企业社会责任下一个明确的定义，更没有专门的企业社会责任法。各国实践证明，公司法及其他相关法律对企业社会责任的规制是企业承担社会责任的重要途径和有力保障。相关的法律法规不健全是企业社会责任无从落实的又一缺口，有法不依、违法不究、大事化小、小事化了的现象十分严重。企业的违法成本低也是一个原因。另外，企业员工也缺乏基本的法律知识，维权意识太差，维权的成本也太高。

4．政府部门监管不力

由于企业承担社会责任的根本目的在于调节企业和社会的关系，政府担当着社会公众利益代表和公共管理结构的角色，因此，政府应该约束和监督企业的社会行为使之履行社会责任。对于企业社会责任的缺失，政府管理部门监管不力也是一方面的原因。虽然我国政府已经出台了相关强制性责任的法律，如税收征收管理法、劳动法、环境保护法等。但是社会实际中，由于体制、经济和观念等多种因素的影响，这种落实和保护的效果不尽如人意，很多企业都没有很好地贯彻执行，特别是政府对部分企业的包庇与纵容，即常说的地方保护主义。很多地方政府片面注重企业的利润和税收，并以此作为衡量当地经济发展和政绩的标准，对企业应承担的社会责任没有要求或监督力度不够，睁一只眼闭一只眼，纵容企业的违法行为，从而对一些企业逃避社会责任起到了纵容与推波助澜的作用。于是，一些企业向地方政府要求更为宽松的条件，而一些当地政府官员也以优化地方经济发展环境为托词，为这些企业撑起了保护伞，阻碍环保、工商等相关部门对这些企业的执法检查工作，为他们逃避社会责任敞开了方便之门，有的公然违反国家法律，继续对国家明令禁止或限制运营的企业"开绿灯"，往往给社会带来极为严重的后果。

第五节 企业履行社会责任实践

关于社会责任，目前在社会上、行业内、企业中都有很多认识上的误区，可以简要地概括为十种表现：第一，把社会责任当成企业的利益；第二，把社会责任当成捐赠义务；第三，企业社会责任等于 SA 8000；第四，企业社会责任是出口加工企业的事，跟其他企业没什么关系；第五，企业社会责任是大企业的事，与小企业无关；第六，政府认为企业社会责任是企业自己的事；第七，企业认为这是政府的事；第八，企业社会责任加重了企业负担，增加了企业成本；第九，企业社会责任等于照章纳税；第十，企业社会责任是贸易壁垒。这些认识误区使得很多企业迷失了方向，有的企业做好社会责任工作就是图个名声，必须搞大公益、大活动，把捐助活动当作"秀场"；还有一些企业把"验厂"和"认证"当作社会责任，国际上一些非政府组织也在中国推广诸如 SA 8000 等社会责任标准认证,但实践中往往陷入商业陷阱。

一、毒胶囊事件始末①

河北一些企业，用生石灰处理皮革废料，熬制成工业明胶，卖给绍兴新昌一些企业制成药用胶囊，最终流入药品企业，进入患者腹中。由于皮革在工业加工时，要使用含铬的鞣制剂，因此这样制成的胶囊，往往重金属铬超标。经检测，修正药业等 9 家药厂 13 个批次药品，所用胶囊重金属铬含量超标。针对此事件，2012 年 4 月 21 日，卫生部要求毒胶囊企业所有胶囊药停用，药用胶囊接受审批检验。2012 年 4 月 22 日，公安部通报，经调查，公安机关已立案 7 起，依法逮捕犯罪嫌疑人 9 名，刑事拘留 45 人。

为了逃避责任，很多企业着急销毁证据，于是就出现了毒胶囊集体投渠现象，一时间全国多处出现胶囊彩虹河，造成严重河流污染，有人用"胶囊确是无情物，害人之后去害鱼"来表达对毒胶囊的危害。

二、启 示

为切实履行好社会责任，我国有必要抓紧时间构建由企业、政府、媒体、社会公众和其他社会力量共同参与的企业社会责任体系，采取政府引导、法律保障、社会监督、企业自身规范相结合的手段，建立健全一套制度到位、规范有序、公开透明、监督有力的社会责任管理机制，促进企业走出目前面临的困境，真正履行社会责任。

---

① 2012 年,《每周质量报告》。

第九章 企业文化管理实践

第一节 经济合同与企业文化

　　企业文化管理是现代企业管理的一大主题，项目投资方与建设方不仅要在经济合同上认同，还要在企业文化上认同。建设方需要投资方的理解和信赖，投资方需要建设方的支持和帮助，双方只有相互信任、优势互补、协作，才能实现互利共赢。

　　中国寰球工程公司（以下简称"寰球公司"）成立于1953年，隶属于中国石油天然气集团公司，是以技术为先导，以设计为龙头，集咨询、研发、设计、采购、施工管理、设备制造、开车指导等多功能于一体，具有项目管理承包和工程总承包综合能力的工程公司。2009年，公司被评为国庆60周年全国勘察设计行业"十佳工程承包企业"，是国内唯一连续14年进入ENR225家国际工程承包商和200家国际设计公司双排名的工程公司。近年来，寰球公司构建了完整的EPC业务链，在国内，业务覆盖包括港澳台地区在内的全国所有省份，形成了以北京总部为核心，覆盖华北、华东、华南、西北、东北的五大区域运营中心以及建安业务中心。在海外，业务覆盖东南亚、西欧、美洲、中亚、中东等20多个国家和地区，形成中东、亚太、美洲三大海外运营中心，在企业文化管理上，形成了"业主项目的成功，就是寰球的所求"的核心经营理念。

　　在强制工程管理和市场多样化的环境下，通过对近千个项目的执行，寰球公司通过企业文化管理，与投资方共同走出一条协作共赢之路。在青海黄河水电多晶硅项目上，寰球公司作为建设方（总承包方）与投资方（业主方）黄河上游水电开发有限责任公司，采用了转换总承包合同管理模式，成为第一个吃"螃蟹"的人，最大限度地减少双方所承担的项目开发风险、为双方共赢发展提供了有力的保障。①

---

　　① 注册建造师继续教育必修课教材编写委员会. 机电工程[M]. 北京：中国建筑工业出版社，2012.

第二节　转换总承包合同介绍

一、转换总承包合同

转换总承包合同（converted EPC contract）是业主和总承包方在相互开放、透明的费用估算（open Book conversion estimate，简称 OBCE）的基础上，实现共赢的合同管理模式。

一般来说，OBCE 合同管理模式是业主通过竞标形式，先与选择的总承包方签订 EPCM（设计、采购服务和施工管理）合同，在总承包方详细设计达到一定深度后（如 30%或 60%），在双方对项目的技术选用、工厂布置与结构形式、工程量比较清楚，认为可以较准确地估算项目的总承包费用以后，由总承包商按照双方预先商定的费用估算方法，进行总承包费用估算，并经业主审核批准后正式转换为 EPC 总承包合同。

二、OBCE 合同模式形成过程

在 OBCE 合同模式转换完成之前，为了保证项目必须在前期进行的一些采购活动（如长周期设备订货）和施工活动（如现场的三通一平、部分土建活动）中能够顺利实施，总承包方以 EPCM 承包方的名义，协助业主进行这些采购和施工活动的招标、谈判、合同签订和施工管理工作，所签订的这些合同是以业主的名义进行的，由业主进行最终审定和签署。

一旦项目通过 OBCE 合同模式转换成了 EPC 总承包合同，则业主将已签订的采购和施工分包合同，加上一定的风险费用和没签订的采购和施工分包合同，按照总承包方的合理估算（双方审定），来确定项目总承包费用，从而将原先的 EPCM 合同转换成整个项目的 EPC 总承包项目。

三、践行 OBCE 合同管理模式

在北美能源企业集团内部，以荷兰壳牌和英国艾麦克集团公司为代表的100%的项目采用 OBCE 合同管理模式。在中东能源企业也有约 70% 的项目采用 OBCE 合同管理模式。在我国现阶段以中国寰球工程公司为代表的中国石油旗下的国际工程公司，率先在中国石油和黄河水电等能源企业投资的项目上，成功推行 OBCE 合同管理模式。

四、规避风险实现共赢

按照OBCE合同模式方式进行EPC总承包合同的转换,在满足项目及时、顺利开展工作的前提下,可以最大限度地减少业主和总承包方因为项目前期诸多不确定因素而产生的各类风险(费用和进度控制等),有利于业主和总承包方通过正确的理论,成功的实践,建立起真挚的伙伴关系,达到双方共赢的目的。

第三节 项目协作与共赢管理

一、工程概况

青海黄河水电多晶硅项目是我国第一套电子级多晶硅工程项目,产品纯度为 11 个 9(即 99.999999999%)。产品主要应用于大规模集成电路、液晶显示屏等电子行业和军事工业。以往电子级多晶硅生产技术基本被美国、日本和德国垄断,具有成熟技术的国外大企业拒绝向中国企业转让。我国目前在建的多晶硅项目都是太阳能级的多晶硅,它的纯度为 7 个 9 以下,电子级多晶硅产品纯度是太阳能级的 10 000 倍。该技术打破了国外对我国电子级多晶硅生产技术的封锁,有力地保障我国高科技电子行业和国防工业发展。国家工业和信息化部拨专款对该项目进行资金扶持。该工程项目的成功建设,对我国高科技行业和国防工业发展有着重大而深远的意义。

青海黄河水电多晶硅项目业主方为黄河上游水电开发有限责任公司,与业主合作监理方为北京华旭工程项目管理有限公司,中国寰球工程公司凭借自身市场竞争优势,一举获得了该工程 EPC 总承包。该工程地点位于青海省西宁市经济技术开发区东川工业园区内,建设规模为 1 250 吨/年多晶硅(其中:电子级 1 000 吨/年,太阳能级 250 吨/年)。中国寰球工程公司承担设计、采购、施工管理、开车试运行服务等,合同为转换总承包总价合同。工程自2007 年 9 月 19 日开工,2010 年 6 月 28 日投料试车,至 2010 年 7 月 3 日产出第一炉多晶硅产品。

二、EPC 总承包合同转换过程

由于国外有实力的专利商对电子级多晶硅技术出口的封锁,业主只好选择当时规模较小的美国 RMT 公司作为专利商进行合作，所提供的改良西门子法多晶硅生产技术，产品质量达到世界先进水平，能满足拉制 12 英寸硅单晶的要求。由于是首次向中国输出电子级多晶硅工艺成套技术，专利商所做的基础设计深度不能满足工程设计要求，许多技术问题需要在设计过程中才能确定。业主需要在国内找一家具有国际背景的工程公司合作，经过业主对国内多家工程公司考察、严格筛选，最后选用技术力量雄厚、自主开发能力强、在国际市场上有竞争力的中国寰球工程公司承担该工程项目 EPC（设计、采购、施工）总承包。

该工程项目共 35 个装置或子项，其中主要生产装置包括氢气制备、氯化氢合成、氢化氯化、低压氯化、精馏区、CVD 还原、后处理、氢气回收、中间罐区等共 9 个装置；辅助装置包括废固储存、液氯站、原料仓库、维修车间、成品仓库、化验室、设备清洗间、污水处理、综合仓库、液氩液氮贮存、液碱站等 11 个子装置；公用工程包括空压冷冻站、消防水系统、循环水系统、总变电站、热水站、锅炉、软水站、中央控制室、氯化区控制室、精馏氢回收控制室、超纯水站、全厂管廊等 15 个子项。

由于电子级多晶硅项目技术先进、工艺复杂、流程长、难度大，科技含量高，设备台数多材料要求高，仪表控制有近万个点，厂房洁净度要求高，施工安装过程质量要求十分严格。为了尽快开展工程建设工作，实现业主和总承包方的共赢，2006 年 10 月，黄河上游水电开发有限责任公司与中国寰球工程公司签署了《1250 吨/年多晶硅项目合作框架总协议书》，协议规定：千吨级的多晶硅项目，具有前期工作量大、技术要求高、建设周期短等特点，按照转换总承包合同模式执行。

1. 设计合同的签订情况

专利商所提供的基础设计深度远远满足不了工程设计需要。2007 年 5 月，项目尚不能确定项目设计、采购、施工方案和工程总量，根本达不到签订 EPC 总承包合同的条件，为了尽快开展设计工作，业主与总承包方率先签订了工程设计合同，并明确设计合同作为总承包合同的组成部分。

在设计过程中，总承包方充分发挥了技术优势，攻克了许多技术难题，在专利商提供的基础设计中对氢回收装置中的关键设备碳吸附塔只提了简单的工艺要求，对设备内容结构未做说明，只是给了一张草图，为了满足碳吸附塔在装置中的重要性及结构特殊性，工艺人员配合设备专业人员精心设计，取得了突破性成就，在国内同行相同设备中的应用也是首创，同时也填补了国内的空白，经过实际使用证明，该设备达到了工艺要求。CVD还原炉的钟罩清洗系统，工艺人员和厂家共同研究，确认了钟罩固定方案、清洗方式和控制要求，完成我国首套自动升降钟罩清洗设备，大大提高了工作效率，降低了劳动强度和改善了操作工人的劳动环境。

2. 设备材料采购及施工管理合同签订情况

有些设备只有专利商提供的草图，给采购工作带来很大困难。设备及管道安装过程中的洁净度要求高，安装前要进行酸（碱）洗，安装过程中要求及时充氮保护，试车前再进行检查，如果有返锈现象则需拆除重新清洗和安装，与一般石油化工项目安装相比，青海多晶硅项目要求十分苛刻。专利商提供的资料不完善、不系统，修改量较大，总承包方在详细设计阶段边摸索边设计，对其在工艺上的技术要求以及难点逐步了解和掌握。

由于项目处于初始阶段，项目设计还没有达到应有的深度，加之无可借鉴的成熟经验，无法准确估算合同总价，不具备签署采购和施工合同，从2008年8月起，双方对设备材料采购与施工合同模式洽商，确定设备材料采购部分先计取服务费、施工部分先计取施工管理费的办法（也就是成本加酬金的形式）。总承包方协助业主进行采购和施工活动的招标、谈判、合同签订和施工管理工作，业主将已签订的采购、施工管理合同和没签订的采购和施工分包合同，于2009年3月全部转换到双方的采购和施工合同中。

3. 施工分包合同的签订

随着设计工作的进行和长周期关键设备的确定，项目进入了施工准备阶段。业主和总承包方共同考察后制订施工分包名单，根据工程各装置设备及管道安装时满足电子级高洁净度的要求，将制定洁净度要求的分级标准、采购的关键工艺设备和阀门在运输途中均采取了充氮密封和真空包装措施、要求施工时使用施工清洗设备、提出施工采取的相关措施和施工后密封保护技术要求等一并纳入采购和施工招标文件中。通过招标方式，选择7家能满足项目要求的施工分包方，按照施工分包合同进度要求陆续进场。计费方式采用工程量清单报价，按实际发生工程量结算，最终结算费用控制在施工分包总预算之内。

4. EPC 总承包合同的成功转换

由于该工程的工艺包在技术方面存的先期不足，不仅给详细设计带来困难，也给转换总承包合同签署加大的难度，在总承包方的正确引导下，EPC

总承包合同根据项目特点进行分步转化。双方在签订了合作框架协议下开展了相应的工作，总承包方与专利商进行充分接触和沟通，做了大量的技术澄清工作，先签订了设计（E）合同，全面开展设计工作。在设计工作进行到20%~30%时，长周期设备及关键设备也具备订货条件，设计、采购和施工进行合理交叉和有效衔接，使得设计工作顺利完成50%~60%工作量，双方签订了设备材料采购及施工管理（PCM）合同。在E+PCM合同模式下同时运行，逐步形成了设计、采购服务和施工管理（EPCM）合同模式。在EPCM合同模式运行中，双方在基本达到较准确地估算项目主要工作量和总承包费用以后，通过招标方式共同选择设备材料供应商和施工分包商并以总承包方名义签订合同。总承包方按照双方框架协议预先商定的费用估算方法，来确定项目总承包费用，经过业主的审批后由EPCM合同正式转换为EPC总承包合同。

三、项目执行效果评价

1. 一次投料开车成功，生产出合格产品

EPC转换总承包合同的签订，双方责任、权利和义务得到进一步明确，工程项目管理得以顺利执行，工程的设计、采购、施工质量和安全工作完全达到了合同的要求。本案工程项目工艺先进，设备选型合理，仪表控制水平高，于2010年7月一次投料成功，顺利产出第一炉多晶硅产品，产品经国内权威部门检测，质量达到电子级多晶硅水平，在国内处于领先地位。

2. 能耗和氯耗，实现了节能减排

特别是本案提到的氢化氯化工艺回收转化四氯化硅，实现闭路循环，甚至可以利用其他多晶硅厂家中间废料四氯化硅作为中间原料进行生产，既可解决其他生产厂家四氯化硅贮存等环保问题，又可大大节约原材料和公用工程消耗。本案提出的CVD还原尾气采用干法回收工艺，实现完全回收，降低了能耗和氯耗，实现了节能减排。

3. 生产能力达到设计要求，经济效益十分显著。

项目建设过程严格按合同各个阶段履行合同要求。在转换总承包合同模式下，制订合理工期、工程费用估算准确、总投资控制在批准的概算之内。从2010年7月一次投料成功，顺利产出第一炉多晶硅产品至今，该工程项目生产运行良好，生产能力达到设计要求，经济效益十分显著。

第四节 企业文化是共赢发展的保障

业主方和总承包方战略伙伴的确立，是工程建设项目管理团队建设的基础。本案中的业主方和总承包方不属于一家企业集团，项目实施转换总承包合同模式，双方只有相互信任、优势互补、相互协作，用道德穿透力相互约束才能实现共赢，才能保证转换总承包合同（OBEC）的顺利实施。

一、建立战略伙伴关系

1. 业主方做好总承包方的延伸

业主方须对总承包方的充分信任、理解和支持，设立共同的价值取向，才能在文化上深度融合。把总承包方提出问题及时加以解决，通过沟通与协调，把双方的注意力逐步引到以合同管理为中心的轨道上来，从细节、高度和技巧上支持总承包方的工作。

2. 总承包方做好业主方的延伸

总承包方做好业主的延伸，站在业主的角度上考虑问题，使项目在各个方面达到最优化，同时业主充分信任和理解总承包方（包括分包方）的各种合理需求，为项目的顺利执行提供各种便利条件。

3. 分包方做好总承包方的延伸

分包方做好总承包方的延伸，按照总承包方的统一要求开展现场各项工作，确保总承包方的各项现场管理要求能得到顺利实施。

二、转变观念提升理念

1. 总承包方观念的转变

总承包方不仅要为业主方做好服务，还要为分包方做好服务，及时为分包方创造施工条件。总承包方及时向分包方宣贯项目管理理念，使总承包方与分包方成为有机体，共同在转换总承包合同计划中开展工作，充分发挥分包方自身的管理能力和优势，从而最大程度体现总承包方项目管理优势。

2. 实现项目管理理念

本案转换总承包合同的实现，进一步验证 OBEC 合同管理模式的实践性、

应用性、国际性、前瞻性和实用性。才能使合同双方企业文化与项目合同管理相结合，与管理职责相结合、与工程建设发展形势相结合，与职业道德相结合，与协作共赢文化管理相结合，才能使中国寰球工程公司更好地体现"满足业主需求、引导业主需求"的项目管理理念。

三、企业文化是共赢发展的保障

在"协作共赢发展"主题下，新思想、新观念、新方法和新标准已逐渐改变了以往"小业主"大权利的格局。业主方和总承包方在不断注重项目风险管理、进度和费用控制同时，采用转换总承包合同管理模式，为最大限度地减少业主方和总承包方所承担的项目风险、为双方协作共赢提供了有力的保障。

1. 团队建设是项目成功的前提

建立一支有竞争力的管理团队，不仅确定了共同的项目目标，还有科学管理方法；不仅强调明确分工，更多强调的是团队协作；为了实现团队目标，不仅仅强调自我牺牲的精神，更要强调技术和职业道德管理，并在团队协作中提高工程素养，结下深厚友谊。

2. 文化建设是项目成功的关键

建立人才培养机制，从有限资源入手，在人的身上做文章。每个单位、部门都遵循以下准则：一是团队组建人员结构搭配要合理，做好老、中、青三结合，使其老有所为，中年人有所作为，年轻人有所发展；二是各级领导给年轻人提供锻炼成长的机会，使其在实践过程中得到锻炼，不断积累财富，为技术创新奠定基础；三是在项目执行过程中，年轻人出现问题要及时关心、爱护和指导，从技术管理、团队意识提升、团队文化建设和遵守职业道德上全面提升个人修养和情操，帮助年轻人走向成功。

3. 企业文化是现代企业管理的主题

企业文化体现在人员培养机制和协作系统中，体现在现代企业文化和职业道德上，体现在团队成员心与心沟通和肩并肩作战上，体现在一人付出换来企业发展契机的高尚情操上，更体现在人力资源、技术资源、管理资源、设施资源、生态资源和文化资源科学整合上。在整合资源、调整结构、面向

市场的过程中，使其中的个人能够在相互合作下做到他独自不能做到的事情，提高团队有效性和能率，迸发出正能量。

4. 共享企业文化发展成果

目前，黄河上游水电开发有限责任公司与中国寰球工程公司正在执行二期扩建工程。业主方将形成 2 500 吨/年电子级多晶硅产能基地，基本满足我国电子工业产业和国防工业的需要。在电子级多晶硅技术和市场开发上，双方协作共树品牌，在战略文化视野下共享企业文化发展成果，诠释了今天的企业文化，就是明天的发展经济。

参考文献

[1] 刘光明. 企业文化案例[M]. 北京: 经济管理出版社, 2004.

[2] 沈洪涛. 企业法论[M]. 上海: 上海人民出版社, 2006.

[3] 注册建造师继续教育必修课教材编写委员会. 机电工程[M]. 北京: 中国建筑工业出版社, 2012.

[4] 彭南林. 企业文化概略[M]. 北京: 红旗出版社, 1999.

[5] 吴从清. 现代企业文化概论[M]. 武汉: 武汉大学出版社, 2001.

[6] 刘光明, 夏梦. 企业文化与企业人文指标体系[M]. 北京: 经济管理出版社, 2011.

[7] 陈洪纬. 企业文化管理要素及其对企业业绩的作用[M]. 北京: 中国财政经济出版社, 2010.

[8] 张国梁. 企业文化管理[M]. 北京: 清华大学出版社, 2010.

[9] 刘克梁. 企业文化实务与经典案例评析[M]. 北京: 当代世界出版社, 2009.

[10] 牛士红. 企业文化建设操作宝典[M]. 北京: 中国经济出版社, 2009.

[11] 王超逸. 国学与企业文化管理[M]. 北京: 中国经济出版社, 2009.

[12] 黄河涛, 田利民. 企业文化案例评析[M]. 北京: 中国劳动出版社, 2008.

[13] 黎群. 企业文化[M]. 北京: 北京交通出版社, 2008.

[14] 王俊超, 马树林. 最经典的企业文化故事[M]. 北京: 中国经济出版社, 2008.

[15] 叶陈刚. 公司伦理与企业文化[M]. 上海: 复旦大学出版社, 2007.

[16] 张光照, 金思宇. 中国特色企业文化建设案例[M]. 北京: 中国电力出版社, 2007.

[17] 李玉海. 企业文化建设实务与案例[M]. 北京: 清华大学出版社, 2007.

[18] 王吉鹏. 企业文化热点问题[M]. 北京: 中国发展出版社, 2006.

[19] 魏杰. 中国企业文化创新[M]. 北京:中国发展出版社, 2006.

[20] 陈津生. 建筑企业文化与管理[M]. 北京:中国建筑工业出版社, 2006.

[21] 刘志迎. 企业文化通论[M]. 合肥:合肥工业大学出版社, 2005.

[22] 林坚. 企业文化修炼[M]. 北京:蓝天出版社, 2005.

[23] 赵建平. 企业文化[M]. 北京:中国石化出版社, 2002.

[24] 何成江, 王学利. 职业道德修养[M]. 上海:华东师范大学出版社, 2007.

[25] 郑平, 吕燕. 职业道德[M]. 北京:中国劳动社会保障出版社, 2007.

[26] 刑慧丽, 何忠国. 商务诚信和企业经营管理人员职业道德教育读本[M]. 北京:研究出版社, 2004.

[27] 钱安国.职业道德修养教程[M]. 北京:北京工业大学出版社, 2003.

[28] 郭宗圣, 李河水. 职业道德教程[M]. 北京:机械工业出版社, 2003.

[29] 赵莉莉. 职业道德[M]. 大连:东北财经大学出版社, 2002.

[30] 李春秋. 职业与职业道德[M]. 青岛:青岛出版社, 1997.

[31] 葛道凯, 陈解放. 现代企业文化与职业道德[M]. 北京:高等教育出版社, 2008.

[32] 慧乡. 企业人的道德和修养[M]. 北京:中国华侨出版社, 2010.

[33] 杨春方. 我国企业社会责任驱动机制研究[D]. 武汉:华中科技大学, 2010.

[34] BOWEN H R. Social Responsibilities of the Businessman [M] . New York: Harper &Row, 1953.

[35] CARROLL A B. A Three-Dimensional Conceptual Model of Corporate Performance Business and Society Review[J]. The Academy of Management Review, 1979, 4 (4): 497-505.

[36] WTO 经济导刊杂志社.《中国企业社会责任报告研究 2010》精选[J]. WTO 经济导刊, 2011（1）: 58-61.

[37] 李宗贵. 企业社会责任观：发展历程、内涵及实施建议[J]. 现代商贸工业, 2012（8）: 09-11.

[38] 步淑段, 秦妍. 企业履行社会责任的理论依据研究[J]. 当代经济管理, 2012（2）: 90-92.

[39] 杨长荣.论职业道德与规章制度的关系[J]. 财经科学, 2004（5）: 250-251.

[40]　王万方. 精细化管理，全员化节约[M]. 北京：中国工人出版社，2011.

[41]　查玮. 企业制度文化的逻辑体系[J]. 企业改革与管理，2012（3）：43-45.

[42]　孙都光. 关于企业制度文化的思考[J]. 经济体制改革，2001（5）：79-81.

[43]　周皕. 打造有责任心的职场员工[J]. 人力资源管理，2010（11）：38-40.

[44]　魏文娟. 中外企业制度文化的比较分析[J]. 改革开放，2009（3）：178-179.

[45]　吉任忠. 把弘扬民族精神融入企业文化建设之中[J]. 湖南社会科学，2004（6）：119-120.

[46]　李晓. 关于企业行为文化规范体系建设的几点思考[J]. 胜利油田党政学校，2008（11）：95-96.

[47]　胡亚云. 企业行为文化——企业文化的基础和必要条件[J]. 经济师，2001（9）：189-190.

[48]　刘建伟. 企业物质文化建设中的几个误区探析[J]. 湖南冶金职业技术学院学报，2007（9）：111-113.

[49]　计岩. 刍议企业行为文化建设[J]. 吉林省经济管理干部学院学报，2011（6）：92-95.

[50]　张丽英. 新时期我国企业物质文化对员工的激励探析[J]. 韶关学院学报：社会科学版，2006（5）：120-123.

[51]　徐晔. 制度变迁对企业行为文化变迁的影响[J]. 企业文化，2011（12）：197-197.

[52]　赵凤玉. 试论企业物质文化建设的财务管理和会计处理[J]. 铁道财务，2003（5）：52-54.

[53]　刘洪德. 企业文化方略[M]. 北京：中航出版传媒有限公司，2011.

[54]　杨月坤. 企业文化[M]. 北京：清华大学出版社，2014.

[55]　肖峰. 企业文化[M]. 北京：中国纺织工业出版社，2002.

[56]　颜煦之. 职业道德故事[M]. 南京：南京出版社，2012.